髪が変わると
顔も変わる。

なぜか美人に見える人は髪が違う

Un ami トップスタイリスト
津村佳奈

PROLOGUE

はじめに

はじめまして。私は、Unami（アンアミ）というサロンで美容師をしている津村佳奈と申します。美容師として仕事を始めてから10年ほど。これまでたくさんの方々のヘアを担当させていただきました。

毎日サロンでたくさんの女性と接していると気づくのが、「自分に似合うヘアスタイルがわからない」と迷っていらっしゃる方がとても多いということ。

でも一方では、自分の髪質やクセ、顔の形などは、あまりご存じないようです。髪質やボリューム、生えグセや髪の硬さが一人ひとり違う以上、すべての人を可愛く見せる万能の髪型はありません。また、年齢とともに髪も変化する以上、自分に似合うスタイルも変化し続けます。

だからまずは、もっと今のご自分の髪に関心をもって、その良さも悪さも知ってほしい！　と思ったのが本書を書いたきっかけです。

自分の髪質に悩んでいる方は多いと思いますが、実はシャンプーを変えるだけで髪質が改善するのはよくあること。間違ったケアによって、本来の自分の髪質ではない状態になっている方はたくさんいます。

また、もし生まれもった自分の髪質が好きでないとしても、その良さを理解したら、生かす方法は無限にあります。

柔らかい髪質はふわっとした空気感を出したエアリーなスタイルがつくれますし、硬い髪はハリをいかしてウェットな質感で遊ぶこともできます。

クセ毛はエフォートレスな雰囲気を簡単につくれますし、ストレートはツヤをいかして分け目を変えれば色っぽいヘアにもできるはず。

自分の髪の欠点ばかり見て、「クセ毛がイヤだからストレートパーマをかけたい」とか、「朝ヘアアイロンを使わずにスタイリングできるから、パーマをかけたい」とおっしゃる方も多くいますが、私は生まれもったあなただけの〝素材〟の良さを消してしまうようなスタイルであれば、あえてオススメはしません。

サロンの帰り道が素敵なだけでなく、自分でスタイリングするときにも、一カ月たっても、いつもあなたを素敵に見せるスタイルを提案したいからです。

いつ会っても、どんなときでも素敵に見せてくれるあなただけのヘアスタイル。そして、毎朝自分でスタイリングを楽しめて、「いろんな私」に挑戦できるようなテクニック。

これが手に入れれば、女性の美人度は確段に上がります。

洋服を買うより、メイクを変えるより、あなたの美人度をいちばん上げるのはヘアを変えること。

テクニックとはいっても、どれも難しいものではありません。ポイントをおさえれば、簡単に誰でもできるものばかりです。

この本では、そんなプロだけが知っているヘアスタイルづくりのポイントについて、そして、いつまでも綺麗な髪を維持するホームケアについて、細かく解説しました。

この本を読んでいただいた方に「新しい自分の魅力」を発見していただけたら、とても嬉しく思います。

CHAPTER 1

オシャレな人は髪が違う

いつも「いい感じ」になる「抜け感」の秘密

CONTENTS

CHAPTER 2

ツヤがあれば、何もしなくても美人に見える

地肌ケアで「髪」も「顔」もこんなに変わる

CONTENTS

CHAPTER

フォルムがキレイだと横顔も美人になる

ふんわり後頭部で小顔に見せる

自分に似合うスタイルの探し方

顔形と髪質とクセで、伸びてもキレイなスタイルを探す

CONTENTS

オシャレ見えするヘアアレンジ

ポイントをおさえれば、ぶきっちょさんでも簡単にできる！

CHAPTER / 1

オシャレな人は髪が違う

いつも「いい感じ」になる「抜け感」の秘密

TIPS 01

シンプルな服でも髪が違えばオシャレに見える

ヘアは、その人の「雰囲気」を決めるもの。

遠くからでも近くでも、あなたの印象のかなりの部分は、ヘアがにぎっています。

どんなに完璧なメイクをしていても、髪がボサボサではその人はオシャレに見えません。

最新流行の服をいくら素敵にコーディネートしていても、髪がボサボサでは「服に着られている」ように見えてしまいます。

ところが、**服はシンプルでもヘアが素敵だと、なぜかオシャレ度が上がるうえに、顔まで美人に見える**のです。

最近はプチプラブームや着回しブームで、シンプルな着こなしをする人が増えていますが、一見似ているコーディネートをしていても、なぜか特別オシャレに見える人

っていますよね。
その理由は、ヘアが違うから。試しに一度、ぱっと見て「あの人オシャレだな」と思う人たちを観察してみてください。その人たちは、きっとヘアスタイルも素敵にまとめているはずです。

流行の服にあれこれ挑戦するよりも、ヘアを変えたほうが一気にこなれて見えるんです。

TIPS 02

「ヘアで抜く」から「がんばって」見えない

オシャレのコツは、「自然」に「センスのいい」スタイルをつくること。
そのために一番気をつけなくてはならないのが**「やり過ぎ感」を出さないようにする**ことです。

シンプルな服を着ているのになぜか周囲から浮き立って見えるようなオシャレな人は、「見せる」「隠す」や「ふんわり」「ピッタリ」のメリハリがきいています。
たとえば、大胆に襟の開いたニットに外国人のようなクセ毛ヘアを自然におろして鎖骨を強調していたり、寝起きの髪をざっくりとまとめた髪に、襟の詰まったニットをあわせて大きく揺れるピアスを添えたりと、力を入れるところと抜くところがハッキリしているのです。

なぜなら、服もメイクもヘアも全部に全力だと、オシャレに見えないから。

意識したいのは、「抜く」ところをつくって、**トータルで100点を超えない**ようにすることです。

服できちっとしたワンピースを着たら、ヘアは抜け感を出す。

逆にカジュアルな服装なら、ピタッとモードにまとめたヘアにする。

「**トータルで100点を超えない**」と決めておけば、キメキメの感じにはなりません。

「がんばっている感じ」に見えるほどオシャレから遠ざかるもの。それなら「足りない」ほうがまだいいくらいです。

全身のコーディネートでは、**常に「抜くポイント」を考える**ようにすると、オシャレ度が上がりますよ。

とくにヘアはもっとも簡単に「抜け感」を出せるので、全身のオシャレ度を大きく左右します。

ぜひ今日からは、全身のコーディネートにあわせてヘアスタイルを考えてみてください。

TIPS 03

「崩れてもいい感じ」のヘアにする

「ヘアで抜け感を出す」には、空気感が大切です。

完璧なスタイルをつくって一日中しっかりキープするのではなく、今はもっと力の抜けた自然さを感じさせるほうがオシャレ。スプレーでハードに固めて指が通らないようなスタイルはＮＧです。

目指すは、風になびいても、手ぐしでかきあげても、ちょっと汗をかいても、「いい感じ」に見えるヘア。

とくにそれがよくわかるのが最近のウェディングのスタイルです。

ウェディングは、呼ばれた立場にしてみれば、オシャレしていく場の代表ですよね。以前は、手持ちの中でも一番オシャレなワンピースを着て、ヘアも美容室で高く盛ったアレンジをするのが主流でした。

でも、最近は昔の成人式のようにつくり込んだアレンジスタイルはしません。お洋服もちょっと力の抜けたカジュアルな感じ。パンツスタイルで行く人も増えたのではないでしょうか。

それにあわせてヘアアレンジもカジュアルになってきています。ゆるく編み込みをつくってから低くまとめるとか、毛束をいくつかねじって後ろでおだんごにする、というようなシンプルなものばかり。

美容師が目指すのも、「完璧なスタイル」より「**崩し方で抜け感を出したスタイル**」になっているからです。

ラフにまとめた髪は長時間たつと多少崩れてくることもありますが、はらりと落ちたおくれ毛もまたオシャレに見えてしまうようなスタイルをつくることこそ、オシャレヘアの肝。

今日からハードスプレーやハードジェルとはさよならしましょう。

TIPS 04

パジャマでメイクすると「マンネリヘア」になる

サロンに来ていただくお客様からたびたび聞く悩みの一つに、「どうしても『あか抜けた感じ』にならない」というものがあります。

そういうときにこそ新しいヘアを提案したいところですが、その前にもっと大きな問題があります。

それは、「**朝のルーティンの順番**」。

この悩みを話してくださるお客様に朝のルーティンについてきいてみると、ほとんどの方は、朝起きてパジャマのままでメイクからスタート。メイクしながらヘアもついでに整えて最後に服を着替える……というパターンなのです。

でも、「オシャレな人」と言われて思い浮かべるのは、どんなタイプの服でも、どんなシチュエーションでも、**全身の雰囲気が統一されている人**ですよね。

その日がカジュアルな服装になるか甘めのワンピースになるかを決める前に、いつもの流れで同じメイクとヘアにしているから、毎日同じ顔とヘアになってしまって、服との一体感が出せなくなっていたのです。

お洋服のコーディネートを考えるときは、コートやアクセサリー、靴やバッグと一緒にトータルで考えるはず。でも、洋服は着替えるのにヘアやメイクはいつも同じという人が本当に多いのです。

私たちは、いつも **「トータルの雰囲気」で人のオシャレ度を見ています**。

服だけ力の抜けたカジュアルなのに顔がしっかりメイクのコンサバ顔では、オシャレ度は半減。カジュアルな服が浮いて見えてしまいます。

逆に、素敵なワンピースを着てクラッチバッグを持っているのに、ヘアがボサボサでメイクもしていなかったら、「今日はがんばってオシャレな服を着ているけど、いつもは違うんだろうな」なんて見えてしまうかもしれません。

こうしたミスマッチを防ぐために私が提案するのは、**朝の支度の一番はじめに、天気予報を見ながら洋服のコーディネートを考えること**。天気やその日の外出予定に左

TIPS 04

右される、「靴」からコーディネートを考えるのもいいと思います。

そこに、今日着たいトップス、スカート、ワンピース、アクセサリー……とコーディネートを決めて、それからメイクとヘアを考えていきます。

首元は詰まっているのか開いているのか。スカートなら丈は膝上なのか膝下なのか。全身のコーディネートで、自分の顔の雰囲気と服やメイク、ヘアの甘さと辛さを調整するのです。

とくにヘアスタイルは顔の額縁ですから、**ヘアスタイルを変えるとそれだけであなた自身が新鮮にうつります**。

いつもダウンスタイルの人がちょっとまとめ髪にするだけで、隠れていた魅力が出て首筋にドキッとさせられますし、逆にいつも髪をまとめている人がダウンスタイルにすると、女っぽさが出て色気が出ます。

ヘアをちょっと変えるだけで、あなたの魅力は大きくアップします。

TIPS 05

新しい服が似合わないと思ったらヘアを変える

新しい服を買ったとき、初めて着る日はまだ自分にしっくりこない気がして不安になること、ありますよね。

やっぱり私には似合わないんだな、なんて思ってタンスの肥やしにしてしまった服はないでしょうか？

そんなときには、ヘアスタイルを変えてみてください。

きっと似合わないと思ったのは、全身のバランスがとれていなかったのが原因。ヘアを変えてみると急に、「あ、これ似合うかも！」と思えるようになるものです。

注目すべきは、**襟元の開き具合**。襟元は顔のすぐ下にくるからこそ、その人の印象を大きく左右します。

たとえば**首の詰まった服は顔まわりに情報が多い**ので、ヘアはシンプルでコンパクトに。アクセサリーもあまり多くつけるとうるさくなるので**つけないか、ごく小さなものの方が似合います**。ネックレスをつけるときも丈の長いものにして、顔から離した方がすっきりなじみます。

逆にデコルテの見える服なら、顔まわりが寂しいので情報を足していきます。

ダウンスタイルにしてもいいですし、まとめ髪やショートなど髪の短い人の場合は、存在感のある**大きめのピアスなどで情報量を増やしてあげるのもアリ**です。この場合は、**耳から3センチくらい下までくるような、存在感のあるもの**にした方が、バランスがとれるでしょう。

大胆な柄の入った服ならキュッとコンパクトなヘアに。大きめサイズの服なら、少し高めの位置でひとつ結びにすると可愛さがぐんとアップします。

どんな服のときもいつも同じヘアスタイルにしている人は多いと思うのですが、それはもったいない！

どんなシチュエーションでもオシャレに見える人は、必ずヘアスタイルを三つ以上は持っているはず。

会社に行くときのカッチリした服も、休日のカジュアルな服も、ちょっとしたパーティの服も、アウトドアの服も……どんなタイプの服でも着こなして、いつでもオシャレに見える人は、ヘアの力を存分に使っています。

洋服は、いつもヘアとメイクとアクセまでセットで考えるようにすると、どんなタイプの服も着こなせるようになります。

ちなみに、美容師はオシャレな人が多いと言われていますが、それはヘアアレンジという最強の武器があるから。どんな服でもヘア次第で着こなせると思うと、オシャレの楽しみも広がりますよ。

TIPS 06

「美人見えするヘア」の三つのポイント

どんなヘアスタイルにしても、女性を綺麗に見せるヘアスタイルには必ず共通する三つのポイントがあります。それは、

1 **ツヤと柔らかさのある質感であること。**
2 **頭の形が綺麗に見えるフォルムであること。**
3 **顔が「卵形」に見えるようなスタイルであること。**

プロの美容師は、いつもこの三つを意識することでオシャレに見えるスタイリングをしています。

つまり、この3点さえおさえれば、誰でもサロンの仕上がりのようなスタイリング

が自分でできるのです。

まずは、ツヤと柔らかさのある髪。

「抜け感」を出すヘアスタイルにするとはいっても、「髪そのもの」が美しくなければキレイに見えません。

目指すは、**思わず「触ってみたい」と思ってしまうような質感**。

「もともと髪が硬くて……」とか「猫っ毛でいつもペタンとしてしまう……」など髪質に悩みを抱える人はたくさんいると思いますが、自分の髪質を正しく理解しないまま、雑誌の情報を信じてアイテムを選んでしまう人がたくさんいます。でも、シャンプーやコンディショナーを見直して正しくケアすれば髪質は改善できますし、スタイリング剤のつけ方ひとつでも、髪のまとまりが大きく変わってきます。

これはCHAPTER2で詳しく解説していますので、ぜひ毎日のケアに取り入れてください。

二つ目のポイントとなるのは、全体のフォルム。

頭の形は人によって全然違うものですが、日本人で多いのは**ハチが張っている形と、後頭部が絶壁になっている形**です。二つとも当てはまる人もたくさんいます。

これらをカバーするフォルムをつくるには、髪の毛の乾かし方が非常に大切です。もちろん毎日サロンのようにブラシをつかった丁寧なブローをする必要はありません。難しいテクニックは一切不要。**大切なのは髪の根元を立ち上がらせるように乾かす**ということだけです。髪は、根元さえ立ち上がっていれば寝グセもつきません。

これはCHAPTER3で詳しく解説していますので、寝グセやうねりで毎朝のスタイリングに困っている人は、ここから読んでいただいてもいいと思います。

三つ目の、顔の形を「卵形」に見せるスタイルをつくるには、自分の顔の輪郭や髪の生えグセ、ボリュームについて知っておく必要があります。

お客様の多くは、「自分は丸顔で……」とおっしゃるのですが、**実はほとんどの人は丸顔ではないのです!**

これはCHAPTER4を紙上カウンセリングのように使って、自分の髪や輪郭についてよく知っていただいてから、いろいろな自分に挑戦してみてほしいと思います。

輪郭を綺麗に見せるには、前髪や顔まわりの髪の毛のアレンジが重要になります。分け目を変えるだけでも大きく印象が変わるので、そうした簡単なテクニックも紹介しました。

CHAPTER5では、誰でも簡単にできるヘアアレンジのご紹介をしています。**アレンジは崩し方でオシャレ度が変わってきます**ので、そんなポイントについてお話ししました。

それでは、まずはツヤから順番に解説していきましょう。

CHAPTER
2

ツヤがあれば、
何もしなくても
美人に見える
地肌ケアで「髪」も「顔」も
こんなに変わる

TIPS 07

髪のツヤが「若さ」を決めている

女性の後ろ姿を見て「年齢をあててください」と言われたら、あなたはどこを見て考えると思いますか？

意識している人は少ないのですが、実は私たちは「髪の毛のツヤ」を見ています。そう、**髪のツヤは若さの象徴**なのです。

おばあちゃんの髪の毛を想像してみてください。真っ白になった髪も美しいですが、ツヤはありませんよね。

一方、髪を一度もカラーリングしたことのない小学生の髪の毛には、「天使の輪」と呼ばれる美しいツヤが光っています。目指すは、このツヤ。

髪にツヤがあると肌の透明感までアップしてキレイに見えるのです。

「もう歳だから」とか、「髪質が硬いから」などと諦める必要はありません。**年齢や**

髪質ではなく、適切なケアをすればツヤはよみがえります。

また、触れたくなるような柔らかな質感も、ホームケアで十分よみがえらせることができます。

この章では、美しい髪の土台となる頭皮のケアから、シャンプーの選び方や洗い方のポイント、トリートメントの使い方まで、正しい髪のお手入れ法をご説明していきましょう。

TIPS 08

こめかみの白髪は「目の疲れ」から

頭皮の色には、全身の健康状態が出ます。全身の健康状態と聞くとビックリされるかもしれませんが、頭皮や髪の健康度は全身の健康とつながっているのです。

ふだんは髪の毛に覆われているために自分では見えないと思いますが、**健康的な頭皮は、本来「透明感のある青白い色」**をしています。

でも、二の腕くらいの肌の色をしていたら、それはもうくすんでいる証拠。老廃物が蓄積されて疲れてくると、頭皮はくすんで黄ばみ、茶色っぽくなってくるのです。疲労の蓄積だけでなく、喫煙習慣やアルコール習慣によっても茶色っぽくなりますし、花粉症などのアレルギーを持っている人もくすみがち。

さらに頭皮がピンク色にまでなってしまうと危険信号。乾燥してバリア機能が低下していたり、血行不良による酸欠状態です。放っておくと老化へまっしぐらなので、エイジングケアを強化したほうがいい状態です。寝不足が続いたり、ストレスや疲れがマックスにたまっている状態でも、頭皮の健康状態は悪化していきます。**赤みの強い頭皮はかなりの危険信号**です。紫外線によるダメージで炎症を起こしている可能性もあります。

こうした**頭皮に現れる疲労のサインは、放っておくと抜け毛や薄毛、白髪などの原因になる**ので、すぐに対策ケアをしましょう。

頭皮チェックにいちばん適しているのはこめかみです。

手持ち鏡などをもって、こめかみの髪を少しめくって見てください。

こめかみは、目から近い場所でもあるので**眼精疲労がわかりやすく出やすい場所**。頭皮だけでなく、この部分の「髪」が突然クセ毛や白髪、短い切れ毛になっていたら、かなりの要注意信号です。目の疲れや血行不良などの影響が、頭皮だけでなく髪にも出ているという証拠です。

私も以前、新しいサロンの立ち上げを担当したときには、睡眠不足や緊張感から、両方のこめかみの髪が一部分だけチリチリになってしまったことがありました。

TIPS 08

もちろんそんなふうになったのは初めてのことで、鏡を見てものすごくビックリしたことを覚えています。

一度なってしまった髪は戻りませんから、それから半年あまりはチリチリの髪のまま。身体が動くからといってムリを続けていると頭皮にまで影響するのだ、とつくづく実感しました。

お客様でも、**こめかみやもみあげの白髪が目立って悩んでいるという方は、たいてい目を酷使されるような事務の仕事についているか、日常的に緊張感の強い仕事についていることが多いようです。**

自分でもこめかみに指を当ててジワーッと押すと、つぼを押されているような感覚を感じられますから、目が疲れてきたら試してみてください。

その他にも、襟足の髪の毛が、5ミリ角くらい真っ白でチリチリになってしまったお客様もいました。様々な原因が考えられますが、ひとつには後頭部の血行不良が原因だと思われます。固定した姿勢でいることが多いのでしょう。

首や肩のストレッチはそのまま頭皮のストレッチにもつながります。気づいたときに、こわばった身体を伸ばすように意識するだけで髪もきれいになりますから試してみてください。

何歳であっても、気づいた日からの頭皮ケアは百利あって一害なし。

髪や肌は衰えてからでは、手の施しようがありません。**生えてしまった髪は途中からは変えられないのです**。

頭皮のエイジングケアはそのまま少し先の髪のツヤを左右しますから、早めのケアを心がけて疲労が蓄積しないようにしましょう。

TIPS 09

「細毛」や「うねり」を解消する炭酸クレンジング

頭皮ケアの重要性をわかっていただけたなら、最初に行うべきは**毛穴をキレイにする頭皮クレンジング**です。

「最近髪が細くなってきた」とか「うねりが出てきた」という場合も、加齢が原因なのではなく、皮脂が詰まって毛穴が変形してしまっているだけかもしれません。

もちろん年齢を重ねると髪は自然と細くなっていくものですが、最近急に細くなったとか、急にクセが出てきたと感じるようなら、**皮脂や汚れが詰まって、毛穴が細長く変形している可能性**があります。毛穴が細くなると、そこから生える髪も細くなったり、うねりが出てしまうからです。

でも、詰まりをスッキリ取り除けば大丈夫。毛穴が正常な状態に戻れば新たに生えてくる髪のハリやコシもよみがえります。

個人的にぜひ取り入れてほしいと思っているのは、**炭酸ケアアイテム**です。

私は一年を通して週に一度以上はお風呂でシャンプー前に使っています。夏なら週に二回以上。プラス、汗をかいたと思う日は頭皮も必ず皮脂がたまるので使用。冬でも最低週に一度は欠かしません。

脂っぽい毛穴から生えてくる髪はどうしても脂っぽくなってペタッとするため清潔感もなくなるし、根元もうまく立ち上がらなくなってしまうからです。頭皮にニキビができたことがある人なども汚れがたまっている証拠ですから、ぜひ試してみてください。

炭酸ケアにはなじみがない人が多いかもしれませんが、最近は炭酸泉を取り入れたヘアサロンが続々と増えているくらい、その効果が注目されています。

人間の身体には、毛細血管という網目状の細い血管が張り巡らされていますが、この**毛細血管は頭皮に集中**しています。

炭酸アイテムはこの毛細血管に二酸化炭素を浸透させることで、血管内に酸素不足を引き起こします。その結果、酸素を取り入れようと血管が拡張され、強制的に血液

TIPS 09

の巡りをよくして代謝を促進してくれるのです。

毛穴が開くため皮脂を浮き上がらせる効果もあるので、シャンプーだけでは落としきれない汚れまでスッキリ落とすことができます。使用感としてもさっぱりして気持ちがいいですよ。

もともと「炭酸」に着目されるようになったきっかけは医療から。

血管の病気の治療に用いられたり、壊死して切断寸前だった足を炭酸浴によって回避できた症例などがたくさんあります。こう聞けば、血行促進効果もかなり期待できそうですよね。

炭酸ケアの頻度はそれぞれの肌質によって最適な回数があると思いますし、あまりに皮脂を落としすぎて頭皮を乾燥させてもよくありません。理想は頭皮に触れて、その日のケアの必要性を自分で判断できるようになるといいでしょう。

ほかにも、スカルプジェル（頭皮に塗るタイプのヘアケア製品）を塗ってマッサージしてからシャンプーすることも。これも、毛穴の詰まりを取り除いてくれる効果のあるものです。

ヘアケアの基本は、汚れを落とすことから。

どんなにいいトリートメントも、土台が汚れていては威力を発揮してくれません。ぜひ、今日からは頭皮のクレンジングを自宅のケアに取り入れてみてください。頭皮環境が正常になれば、生えてくる髪もどんどん健康になって、ツヤのある美しい髪をよみがえらせることができます。

今は頭皮用のケアアイテムは、あらゆるメーカーから優れたものが出ています。何を買ったらいいのかわからない人は、まずはいつも肌に使っているブランドのラインから探すのがオススメです。

ヘアサロンにも頭皮用のケアアイテムはたいてい置いてあるので、美容師さんに相談してみるのもいいと思います。

CARBONIC ACID CLEANER

炭酸クレンジングアイテム

1

**インプライム
ソーダシャンプー**

炭酸の泡が皮脂をきれいに洗い流し、6種類のオーガニックハーブエキスがキューティクルを整える。カラーやパーマ後の使用もオススメ。200g 2400円 インプライム／ナプラ

2

**レセ
ソーダベースメイク**

炭酸水の効果でシャンプーでは落としきれない化学物質が除去され、素髪のようなプレーンでしなやかな感触の髪に。350g オープン価格 レセ ストレスフリーシリーズ／ホーユー

3

**モエモエ
シュプームソーダI**

炭酸水の働きで頭皮と髪の汚れを取り除き、ピュアな状態に整える。清涼感のあるすっきりとした仕上がり。250g 1800円 モエモエ／ビューティーエクスペリエンス

TIPS 10

頭皮のコリをほぐせば「シワ」や「たるみ」が消える

また、頬のたるみや目尻のシワなど、**年齢を重ねた女性に共通する加齢のサインも、頭皮のケアをすることで改善することがあります**。

というのも、顔のたるみ、シワ、くすみなどは、頭皮の筋肉の衰えが一因となっているからです。

そもそも、**頭皮と顔は一枚皮でつながっています**。そして、頭はてっぺんにあるため、全身で一番重力の影響を受けやすい部分。

頭皮の下には薄い筋肉があり、前と後ろの筋肉でバランスをとっています。この部分の血流が滞ってしまうと頭皮が凝り固まり、筋肉の弾力が失われてしまいます。それが、目の左右の違いやクマ、たるみに影響してしまうのです。

この頭皮のコリは、姿勢の悪さ、目の酷使、そして無意識にやってしまう「歯の食

TIPS 10

いしばり」等が影響しています。

パソコンで長時間デスクワークをする人、スマホをよく使う人は、たいてい頭がカチコチ。緊張感を常に持っている人も頭皮が凝りやすくなりますから、ストレスは頭皮にも悪影響があるのでしょう。

お客様の頭に触れると、若い方でも7～8割の方が、カチコチに固まっています。この頭皮のコリは、集中力の低下や、頭痛、イライラをもたらすこともあり、それがまたストレスに……と、負のスパイラルを引き起こしてしまいます。

巡りの悪くなった頭皮は、肌の老化だけでなく、もちろん育毛にも大きく影響します。

血行が悪くなることで栄養や酸素が十分に行き渡らず、結果、髪が細り、薄毛や髪のボリューム不足につながります。

ためしに、小学生の頃、誰もが一度は頭皮を動かしてやっていた「かつら」をやってみてください。まったく動かないということはないと思いますが、多少動いたとしても、以前のようなスムーズさを感じない人がほとんどだと思います。それこそが、頭皮コリを抱えている証拠です。

頭皮が凝りやすい場所はココ！

こめかみ

目の疲れが
出る場所は
凝りやすく、
白髪も出やすい。

TIPS 11

シャンプー前のブラッシングは「下から上」

頭皮のコリを取り除くには、毎日のブラッシングとマッサージが一番です。

シャンプー前のブラッシングにはパドルブラシを使って、ほこりや髪のからまりをときほぐして洗髪時の傷みを防止するのと同時に、頭皮に適度な刺激を与えて血行促進しましょう。アヴェダやアッカカッパのブラシは使いやすいのでオススメです。

ここでのポイントは、**下からつむじに向かって髪を集めるようにブラッシングする**こと。耳横からつむじへ。耳下からつむじへ。襟足からつむじへ。すべてつむじに向かって、ふだんと逆にとかしてください。

これは血行促進だけでなく、**重力で垂れ下がった毛穴を上へ上へと引き上げる**効果もあります。頭皮が痛くなるほど力を入れる必要はありませんが、気持ちいい程度の力で軽くとかしてあげると頭皮にいい刺激を与えることができます。

毛穴を引き上げる

POINT

各部位を5回ずつくらい
下から上へブラッシングで
血行促進。

TIPS 12

顔も髪もよみがえる「1分間頭皮マッサージ」

ブラシで血行を促進したら、シャンプー中に指マッサージもしましょう。

シャンプーというと「髪じゃなくて頭皮を洗う」というのは聞いたことがあると思いますが、私がいうマッサージとは、「指の腹」ではなく**「指の第二関節」を使った、もっと強いマッサージ**。

最初はいつもどおりシャンプーを髪全体にいきわたらせて、よく指の腹で頭皮を洗います。が、全体を洗い終えたらすぐに流さず、**今度は手をグーにして指の第二関節でさきほどブラシした部分をなぞるように約1分ほどグリグリと、つむじに向かって下から上へと押し流していきます**。

私はいつも、「ハチのまわり」や「耳の横のこめかみあたり」が激痛！　でも、凝っているところほど痛くなるものです。痛いところにこそ力を入れて、しっかり押してみてください。長い時間する必要はありません。泡のすべりを利用しながら1分ほど毎日しっかり押し流せば、コリの蓄積は最小限になります。

疲れて今日はできないというときには、シャンプーブラシを使ってみてもいいと思います。100円ショップなどでも売っている目の粗いもので、シャンプーしながらグリグリ押すだけでもOK。

お風呂を出て髪を乾かすときには、頭皮に指の腹をあてて、大きく動くかどうかチェックしてみてください。最初はあまり変化を感じないかもしれませんが、続けるうちに子どもの頃のように「かつら」ができるようになっていくはずです。

また、私がもうひとつ大切にしているのが、**触ったときの「ふかっ」とした感触**。

これは地肌が柔らかく、かつ生えてきた髪が健康で、へたらずに地肌から浮き上がるようにしっかり生えていなければ生まれない感触。耳の横に手を差し入れたときに、地肌と髪の根元に空気が入るようなふかっとした感触があれば、頭皮が健康になってきている証拠です。

毎日続ければ、小顔効果や頬のたるみの改善も実感できますよ。

\ HOW TO /

1分間頭皮マッサージ

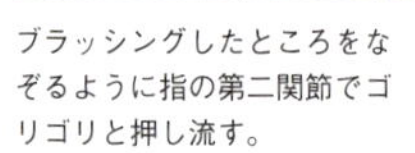

1

ブラッシングしたところをなぞるように指の第二関節でゴリゴリと押し流す。

2

こめかみは念入りに。グリグリ押してから、ギザギザと上に引き上げるように流す。

3

最後は首筋に流す。

TIPS 13

ドラッグストアのシャンプーではキレイになれない

ペタンコ髪やうねり髪は、せっかくスタイリングしても簡単にとれてしまいますよね。髪質だからしかたないと諦めている方も多いのですが、実は**シャンプーの選び方で改善できる**ことがあります。

美容室やオイルケアなどには気を遣っている人でも、シャンプーはドラッグストアで買う人が多いのですが、シャンプーは本当に大切。

サロンでも、ちょっと頭皮がベタッとするなと思う人は、**たいていドラッグストアで市販されているシャンプーの「しっとりタイプ」を使っている人が多い**ように思いますが、大人の髪を育ててくれるシャンプーは、ある程度のお値段を出す必要があります。1000円以下のシャンプーは卒業しましょう。

また、必ずしもノンシリコンである必要はありませんが、シリコン系のシャンプーやトリートメントは、きちんと流さないとシリコンが髪に蓄積していってカラーが入りにくくなってしまいます。ツルツルした手触りはシリコンによるコーティングですから、しっかり流すように意識してください。

理想はサロンで美容師さんに相談しながら選んだシャンプーを使うことですが、自分で選ぶときには**髪が細い人やボリューム不足の人が、髪が傷んでいるからと「しっとり」タイプのシャンプーを選んでしまうのはNG**。

こうした髪質は油分が多いアイテムを使うと油分に負けてさらに髪がペッタリしてしまいます。そのため、「ハリ・コシUP」や、「ふんわり仕上がり」と書いてあるものを選ぶといいでしょう。

シャンプーやマスクは、**テクスチャーが重ければ重いほど髪に残る**ので、もともとボリュームのない人がこういった重いタイプを使うと、いくらスタイリングをしても少し時間がたてばペタンコになってしまいます。

反対に、髪が広がりやすい人は、**髪の乾燥や傷みが原因で髪がふくらんでしまっている**ことが多いので、「しっとり」や「集中補修」と書いているものが合います。

「自分のタイプがわからない」というときは、顔の肌を見てみましょう。

顔と頭皮は一枚皮でつながっています。だからこそ、**頭皮や髪がオイリーなタイプは肌もベタつきやすく、髪がパサッとしやすいタイプは肌も乾燥しがち**。

顔でいえば、オイリーなニキビ肌に濃厚な保湿ケアをしたり、乾燥肌なのにさっぱりタイプのスキンケアを使ったりしないですよね？　髪にも同じことが言えます。

それでも、どれを使うか迷うという場合には、**まずはさっぱり系のシャンプーから試してみる**ことをオススメします。

シャンプーはあくまで汚れを落とすためのもの。油分はトリートメントであとから補えますから、かなりの乾燥肌でない限り、できるだけ**シャンプーは泡立ちと泡切れのよいものを重視**して選んでください。

一度、普段使っているものが本当に自分に合っているのか、担当の美容師さんに聞いてみるのもいいですよ。

TIPS 14

シャンプーは二度づけしない

実は、家族全員で同じシャンプーを使うのは考えもの。**男性と女性では、頭皮の油分が違います**。

男性が女性用のものを使っていたら、油分が多すぎることがありますし、逆に女性が男性用のものを使っていたら、脂を落としすぎてフケや乾燥の原因になることも。季節によっても頭皮の状態は変わりますし、女性なら**生理の前は脂っぽくなる**こともあります。

だから、夫と二人暮らしの我が家は、シャンプーは2本×二人分を常備。季節や体調、その日の汗のかき具合で使い分けるようにしています。

肌も、乾燥した日はスペシャルマスクを足したり、汗をかいた日は酵素洗顔をプラスしたりとアレンジケアをしますよね。髪も同じです。

頭皮が脂っぽい日には、一度のシャンプーでは泡立ちが悪い日もあると思います。でも、そこで**シャンプーをもう一度足して泡を立てようとするのはＮＧ**です。泡立ちが足りないまま洗うと髪を傷めますからもちろんダメですが、そこにシャンプーを足しても汚れは落ちません。**汚れた泡を一度シャワーで洗い流してから、もう一度シャンプーをつけて、再度洗うように**してください。

また、シャワーで上から流すように洗っていると、耳の後ろを洗い残しがちです。この部分は毛流れからとくに髪の毛がたまりやすい部分でもあるので、**シャワーヘッドを持って耳の後ろから襟足にかけて、直接水流を当てながら洗ってください**。頭皮湿疹なども、ここをよく洗うと改善します。

どんなに疲れて帰ってきても、シャンプーしながら頭皮マッサージをしていると、いつのまにか全部流れていきます。おまけに翌日の髪もサラサラで顔のむくみもなくなりますから、高級エステに行くよりずっとキレイ度が上がるんですよ。

1

ロレッタ　まいにちの すっきりシャンプー

シアバター由来のクレンジング力で、地肌をやさしくスキンケア。1日の汚れをさっぱり洗い流して、ティーツリーオイルとセージエキスでリフレッシュ。300ml 2400円 ロレッタ／ビューティーエクスペリエンス

2

イイスタンダード シャンプー

デリケートな頭皮や肌にも安心して使えるヤシ油、アミノ酸系をベースに配合したノンシリコンシャンプー。天然由来の美容成分で、髪にうるおいを与える。250ml 2800円 イイスタンダード／サンテック

3

マイブ クリットシャンプー ライト

頭皮をリセットするクレンジングシャンプー。ローズマリー&レモンの香りのするスッキリとした洗いあがりで、脂性肌の方にオススメ。300ml 3000円 マイブ／ハホニコ

THE BEST SHAMPOOS

オススメのシャンプー

4

マリア シャンプー

最高級のローズの香りが広がり、たっぷりと美容成分を含んだ独自のもっちりとした泡が毛先までしっとり潤う髪に仕上げる。300ml 6800円 イデアルシリーズ／ガーデン

5

ザ ヘアケア アデノバイタル シャンプー

うるおいを守りながらやさしく頭皮の汚れを洗い流し、スカルプエッセンスがボリューム感のある若々しい髪を育む。250ml 2500円 ザ ヘアケア アデノバイタル シャンプー／資生堂プロフェッショナル(株)

6

ザ ヘアケア エアリーフロー シャンプー

豊かな泡立ちでなめらかな髪に洗いあげ、こわばりをほぐして柔らかく扱いやすい髪に。500ml 3300円 ザ ヘアケア エアリーフロー シャンプー／資生堂プロフェッショナル(株)

TIPS 15

トリートメントは2種類使う

シャンプーでしっかり汚れを落としたら、今度はトリートメントやマスクで油分を補い、ダメージをストップさせましょう。

トリートメントには、「インバス」と「アウトバス」の二つのタイプがあります。インバスのアイテムは、お風呂の中でシャンプーのすぐ後に使って洗い流すもの。アウトバスのアイテムはお風呂を出てから使う、洗い流さないタイプのものです。

一度傷んでしまった髪というのは、基本的には元に戻りません。そもそも髪の毛は「死んだ細胞の集まり」なので、自己修復機能がないのです。

そのため、インバスのケアはダメージの進行を防ぎ、剥がれかけたキューティクルを修復するためのものです。

一方、アウトバスのトリートメントは、ドライヤーの熱から髪を守ったり、静電気

TIPS 15

を抑えて髪のひっかかりをなくしたり、紫外線から髪を守るなど、外側のコーティング効果があります。

髪は毎日ダメージを受け続けますから、**インバスのアイテムを使わないのはNG**。日中の摩擦や紫外線のダメージを軽くするためにも、必ず使うようにしてください。

リンス・イン・シャンプーは、どちらの役割も中途半端になってしまうので、シャンプーとインバスのトリートメントはきちんと使い分けましょう。

インバスケアはすべての人に必須ですが、髪が長い人ならアウトバスのケアも毎日必須です。

ただし、どちらもたくさん塗ったからといって効果は変わりません。**多すぎると重たくなっていって髪のふんわり感がなくなってしまうので、使いすぎには注意してくださいね**。

TIPS 16

インバスのトリートメントはしっかり流す

インバスのトリートメントの選び方はシャンプーと同じ。

髪のボリュームが出ないという場合や、頭皮がベタつきがちという人は、あまりリッチなタイプ（油分の多いタイプ）は、選ばないほうがいいでしょう。頭皮のベタつきが髪をへタらせている可能性もあるので、トリートメントは毛先を中心につけるように気をつけてください。

逆に**髪が広がりがち、乾燥しがちという場合は、根元の近くからしっかり塗ると落ち着きやすくなります**（頭皮には塗らないように気をつけてくださいね）。

広がってしまいがちな髪は、キューティクルが開いている状態。開いたキューティクルから油分と水分がともに蒸発してしまって足りていない状態です。湿気の多い日は、そこに水分が付着してさらに髪を膨らませることになってしまいます。梅雨時に

TIPS 16

なると髪が膨らみやすくなるのは、これが理由です。

そのため、トリートメントを少し重くしてあげたりマスクを使うなどして油分を多めに足して、**キューティクルを閉じてあげるようなケアを心がける**と落ち着くでしょう。


トリートメントとマスクの違いは、そのテクスチャーの重みからもわかるように、**油分の多さ**。だから、ペタンコ髪の人がマスクまでやる必要はありません。むしろペッタリした質感をさらに加速させてしまうのでオススメしません。

でも、朝家を出るときにはきちんとしていたのに、会社に着く頃にはパサッとしてなんだか全体に髪が広がっている……というような乾燥した髪は、マスクを使うことでずいぶん改善すると思います。

サロンでトリートメントをしながらスチームを当てるのと同じように、**お風呂で蒸しタオルをするのも有効**です。キューティクルをやさしく開かせて、トリートメントの浸透力をさらに高めることができます。

さらにそのまま湯船に浸かると、スチーム効果がプラスされて浸透力もアップ。10

分ほど置けばじっくり浸透させることができます。頭皮につけないように気をつけてじっくり浸透させたら、しっかり流しましょう。

週に何回かでいいので、続けていけばキューティクルが整ったツヤのある髪がよみがえってきます。

ただし、インバスのトリートメントを流す際に気をつけたいのが洗い残し。**トゥルンとした指通りは、効いているのではなくまだ落ちていない証拠です！** 手で触ってぬるつきがなくなるまで、しっかり流すようにしてくださいね。

1

アンジー スペシャルトリートメント

サロンクオリティの本格トリートメントがおうちでできるアイテム。1度の使用で見違えるほどのツヤ・手触りを実感できる。100g 2200円 イデアルシリーズ／ガーデン

2

ザ ヘアケア
エアリーフロー トリートメント

独自のテクノロジーで髪を柔らかくなめらかに整えながら、扱いやすくまとまりやすく仕上げる。500g　4200円 ザ ヘアケア エアリーフロー トリートメント／資生堂プロフェッショナル(株)

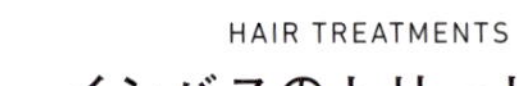

HAIR TREATMENTS

インバスのトリートメント

3

ロレッタ
うるうるしたい日のトリートメント

シアバターの保湿成分で頭皮を健やかに保ちつつ、天然のインカインチオイル、ルービンオイル配合で毛先まで艶めくうるうるヘアに。240g 2400円 ロレッタ ／ビューティーエクスペリエンス

4

イイスタンダード
キューティクル ニュートリション

豊富に含まれる美容成分が髪の表面を瞬時にコーティング。天然由来のエッセンシャルオイルで自然なツヤのサラッとした髪に。 250ml 2800円 イイスタンダード／サンテック

TIPS 17

ドライヤー前にはアウトバストリートメント

アウトバスケアの場合、つけるタイミングは**タオルドライをした後、ドライヤーの前**です。

熱は、髪にとって大敵です。乾燥している髪にドライヤーの温風を当てると静電気を発生させて、キューティクルが剥がれやすくなってしまいます。

キューティクルは髪にとって最後の砦ですから、これが剥がれてしまえば髪の内部の水分も栄養も流れて髪がどんどん傷んでしまいます。

そのため、**ドライヤー前の髪が濡れた状態が、アウトバストリートメントをつけるベストタイミング**。

1プッシュ（100円玉大ぐらい。髪が長い人は2プッシュ程度）を**髪の中間から毛先につけて**ください。根元につけてしまうと、これもペタンコ髪を招くので、くれ

TIPS 17

ぐれも根元にはつけないようにしましょう。

アウトバスケアをしながらクシを使うときには注意が必要です。クシを通すことで、髪全体にトリートメントを行き渡らせる効果はあるのですが、過剰な摩擦はキューティクルの剥がれる原因になると同時に、切れ毛や枝毛の原因になる可能性があります。**クシを使うなら、かなり目の粗いもので、通すのは1回か2回に**しましょう。


アウトバストリートメントには、大きく分けてオイルタイプ、ミルクタイプの2種類があります。

オイルタイプの中でもしっとり系のオイルは、ペタンコ髪の人が使うと髪が重くなりすぎるのでNG。軽やかなミルクタイプの方が、相性がいいでしょう。オイルを使う場合でも、サラッとしたテクスチャーの軽やかなタイプにしてください。

髪が広がってしまう人は、シャンプーと同じく重めタイプと相性がいいので、オイルか補修効果の高いミルクを選ぶのがいいでしょう。髪を柔らかく、扱いやすくしてくれる効果もあるので、髪がまとまりにくいと感じている人は毎日使うことをオススメします。

ただし、ひどく髪が傷んでしまってまとまらない場合は家でケアしきれないこともありますから、**サロンで月に1回のトリートメントをオススメします**。サロンのものは、髪の中にしっかりとトリートメント成分を入れ込むことができるので、一度するだけでも扱いやすさが格段に変わります。

20代以上なら、カットやカラーで美容院に行くときのタイミングでトリートメントもあわせて行うことを習慣にしてもらうといいと思います。

美しい人に、パサパサの毛先は似合いませんよね。傷みきってしまった毛先は、清潔感や女性らしさを奪ってしまいます。

修復できないくらい傷んでしまった場合は、**思い切って短く切ってしまった方が、全体のツヤがよみがえる**こともあります。もし、毛先の傷みが気になるようでしたら、美容師さんにも相談してみてくださいね。

1

モロッカンオイル トリートメント

使うほどに髪がうるおい、まとまりやすくなるオイルベースのヘアケアのパイオニア。アルガンオイルやビタミン配合。瞬時に浸透し、髪の指通りがよくなり、ツヤを出してくれる。100ml 4300円 モロッカンオイル／モロッカンオイル ジャパン

2

アニカ ヘアオイル

たっぷりブレンドされたボタニカルオイルが、毎日のドライヤーの熱から髪を守り、サラサラで柔らかく、艶やかな髪を生み出す。80ml 2900円 イデアルシリーズ／ガーデン

3

ロレッタ ナイトケアクリーム

夜寝る前につける、ベタベタしないアウトバストリートメント。寝グセがつきにくく、簡単に手ぐしで髪がまとまる。120g 2600円 ロレッタ ／ビューティーエクスペリエンス

HAIR TREATMENTS

アウトバスのトリートメント

4

ララ ヘアクリーム

光成分が傷んだ毛髪の強度と水分量を改善。さらに潤い成分がダメージから髪を守り、しっとりなめらかな質感に仕上げる。100g 2000円 イデアルシリーズ／ガーデン

5

オリオセタ オイル トリートメント

浸透性の高いオイルが髪の内外に栄養を届け、髪本来の弾力のある柔らかさとシルクのような滑らかさの輝く髪に。100ml 3800円 オリオセタ／プロジエ

6

ボニカ プレミアムヘアオイル

ボタニカルオイルとコラーゲン成分を贅沢に配合し、毛先までしっとりと潤いまとまりのある髪に。78ml 3200円 イデアルシリーズ／ガーデン

TIPS 18

「すぐ乾かす」だけでダメージは10倍軽くなる

髪は濡れているとキューティクルが開いた状態になります。だから、そのままにしているだけで髪の内部の水分がどんどん蒸発してしまいます。お風呂から上がったら何よりもまず、できるだけ早く髪を乾かしましょう。

通説では、「髪は8割乾かせばいい」と言われ、8割をドライヤーで乾かしたら残りは自然乾燥するという人もいますが、これは大きな間違いです。

濡れているというのは、キューティクルがまだ開いている状態。

すると、あらゆることをきっかけに、キューティクルが剥がれてしまいます。

もしそのまま寝てしまったら、開いたキューティクルが枕との摩擦でどんどん剥がれていってしまうことにもなりかねません。

そうならないためにも髪は中途半端にしておかず、**しっかり乾かすことが大切**です。

TIPS 18

髪がまとまりにくいというお客様のなかには自然乾燥派という方もけっこういるのですが、きちんと乾かすようにお願いしただけで、翌月から驚くほど手触りが変わります。

お風呂から出たらタオルドライでしっかり水分をとって**すぐにドライヤーで100パーセント乾かしましょう**。

なかには、ドライヤーの熱が髪によくないのでは？　と心配されている方もいるのですが、今は髪にダメージを与えにくい低温度のドライヤーがいろいろなメーカーから出ています。

風量も多く、低温度でも乾かす時間がほぼ変わらないのでいいですよ。

新しくドライヤーを買おうとされているなら、**マイナスイオンなどの機能より、なによりも風量を重視**して、短時間で髪を乾かせるものを選ぶといいと思います。

TIPS 19

濡れた髪にヘアアイロンは絶対にダメ

アイロンで髪を巻く＝髪を傷めるというのも多くの方が心配されていると思います。もちろんアイロンを同じ場所に何度も当てたり、長時間熱を当ててしまったら傷みます。

でも実は、**キューティクルと同じ方向に沿ってアイロンをかけることで、面が整い、ツヤが生まれます**。

キューティクルは鱗のような形状をして、上から下に向かってついています。そのために、上から下に向かってアイロンを使えば浮き上がったキューティクルを落ち着かせて、むしろツヤを生み出してくれるのです。

それよりも危険なのが、**濡れた髪に熱を加えること**。

朝、髪を洗ってからすぐにアイロンを使おうとしたり、ちょっとした寝グセを直す

TIPS 19

ために髪を濡らしてからアイロンを使っている人はいませんか？

もしも「ジュッ！」という音がしてしまったら、それは水蒸気爆発の音。

この音がしてしまったら、**もう二度と髪はよみがえりません**。

寝グセのままアイロンをしても効果はありませんので、寝グセのある日には一度地肌から濡らす必要はありますが、その際には**必ず水分を全部ドライヤーで乾かしてからアイロンを使う**ことを徹底してください。

一度チリチリになってしまった髪は戻りませんので、ご注意を！

TIPS 20

「ナイトキャップ」で髪がツルツルになる！

また、ほとんどの人が意識せずにやっているのが**枕での髪の摩擦**。濡れた髪はもちろんですが、乾いた髪であっても一晩のうちに何度も寝返りをして枕にこすりつけられた髪は傷みます。

こうした摩擦を避けるために、**髪の長い人は軽く編んだり、頭の上でゆるくひとつに結んで寝るのがオススメ**です。

地肌をひっぱるほどの力では抜け毛の原因になってしまいますから、ごくゆるくしておくといいでしょう。結んだ跡がつくのが気になる人は、シュシュなどを使って、ゆるゆるにとめておくだけでもいいと思います。

結びたくない派の人は、枕カバーをシルクなどの摩擦のおきにくい素材にするか、枕の上に襟足から全部の髪をのせるようにして寝るだけでも少しは摩擦を防げます。

でも、私がいちばんオススメするのは**シルクのナイトキャップ**。本当にツルツルの手触りに変わっていくのを実感できるのです！

最近はやっているナイトキャップは、一度使うとハマる人が多いのですが、私も使ってみてその手触りにウットリしました。

ただ寝ているだけでこんなに違うということは、ひと晩の摩擦はかなりのものだったのだなと実感しています。

ショートでもボブでも使えますし、３日続ければその手触り感にビックリしますよ。まさにシルクの手触りです！　インターネット通販でいろいろなものがありますから、試してみる価値ありです。

TIPS 21

素髪で外に出ない

ホームケアをきちんとしたら、外出のときのケアも忘れずに。

子どもの頃は朝起きたまま、髪にはとくに何もつけずに出かけていたと思います が、大人は素髪で外に出るのはやめましょう。

外出するときにノーメイクで家を出る人は少ないですよね。お化粧をしない日でも スキンケアはする人が大半だと思いますし、外出するときには日焼け止めくらいは塗 ると思います。髪も同じです。

紫外線や乾燥した空気で髪は傷みます。傷んだ髪は広がりやすくなり、スタイリン グをくずしてしまいます。

分け目やこめかみのあたりから出てくるもやもやした切れ毛や、まとめ髪からこぼ れた生活感を感じさせるおくれ毛も、ちょっとスタイリング剤をつけて束感を出すだ

TIPS 21

けで一気に解消できますよ。

スタイリング剤は苦手という方もいますが、肌に悪くない天然素材のものを選べば顔まわりにも使えます。**髪をまとめる際に仕込めば、ハラリと落ちた髪もいい感じになってオシャレ度を上げてくれる**ことにもなります。

まとまりやすい髪にしてくれるうえにダメージ予防にもなりますから、これからは必ずスタイリング剤を塗ってから出るようにしてください。

日差しのきびしい季節には、頭皮や髪の紫外線予防のスプレーもすると、髪の傷みを防ぐとともに、頭皮を守ることもできて一石二鳥です。

頭皮は、**すれ違う際やかがむときなど案外匂いが気になる場所**ですが、香りつきのスプレーを選べば一日中気分も快適です。

SUNSCREEN SPRAYS

日焼け止めスプレー

1

パーフェクトUV スプレー アクアブースター

さらさらした使用感ながら、汗や水に触れると紫外線をブロックするパワーが強くなる新技術搭載の強力UVケア。SPF50+ PA++++　60g 1800円 アネッサ／資生堂

2

ロレッタ おひさまなかよし UVケアシュー

ダマスクスローズオイル配合で潤いを与え、髪にもボディにも使えるUVスプレー。SPF50+ PA++++ 80g 1600円 ロレッタ／ビューティーエクスペリエンス

3

ミーファ フレグランス UVスプレー クリア

ブドウ種子油と6種類のオーガニックハーブエキスが保湿をしながら髪や肌を守る。無香料タイプで、髪、顔、ボディにも使用できる。SPF50+ PA++++　80g 1200円 ミーファ／ナプラ

TIPS 22

スタイリング剤は「パーの手」でつける

肌が敏感でスタイリング剤を使うのは怖いという方には、私は**シアバターなどの天然由来の成分を原料にしているアイテム**をオススメするようにしています。

シアバターは赤ちゃんの肌にもつけられますから、敏感肌でも安心です。

肌への保湿剤で髪のスタイリングなんてできるの？　とお思いの人もいるかと思いますが、実は私はスタイリング剤はほとんど使いません。使ってもせいぜいシアバターや軽いオイル程度。サロンのお客様を仕上げる場合も同様です。

サロンに来ていただいたお客様は、その日はカラーやパーマをもたせるために髪を洗わないで寝るという人が多いので、寝る際に不快にならず、翌日の髪もベタッとした感じにならないよう、テクスチャーが軽くて肌に触れても安全なものを使います。

それでも十分にスタイリングはできます。

シアバターなどの油分をつける際には、あまり量を多くするとベタッとしますので、ボブからセミロングくらいの長さの人なら人差し指の爪の背で表面を1回削りとったくらいの量で十分。

一番のポイントは、**手の平にとって、よ〜く伸ばすこと**です。

シアバターのテクスチャーは最初は固く感じますが、手の平にとってこすりながら温めれば、すぐにしっとりした柔らかさを取り戻します。

それを両手の平にすりこむように、手の平から指の間にまでしっかり伸び広げるのが、ムラにならずにつけるコツ。

つける際には、**手の平をパーにした状態で髪の内側に手を入れ、空気を入れ込むように手を動かしながら髪全体になじませます**。

何度か指を通せば自然と薄く全体になじみますので、1分もかからず完成。このつけ方なら頭皮にもつけずにすみます。

巻き髪のときなら、全体になじませた後に下から上に向かって、毛先や中間の髪を指で少しずつつまんで毛束感をつくりながら整えると、重くなりすぎずにスタイリン

TIPS 22

グ剤がしっかりつけられるので、カールもだれません。

天然成分由来のスタイリング剤は、ショートでもボブでもロングでも使えるとっても便利なアイテム。**手に余ったらそのままハンドクリームとして両手に塗れるのもとっても便利**。私の必需品です。

起きてそのまま家を出るというのは今日からはナシ。

まずは、まとめ髪でもダウンスタイルでも、スタイリング剤をつけるところからやってみてください！

HOW TO

スタイリング剤のつけ方

1

指を開いた
パーの手で全体に
手ぐしを通す。

2

手を熊手のように立てて
髪の中に指を入れ、
かきあげるように
全体をとかす。

POINT

ボブの長さで
人差し指の爪くらい！

HAIR STYLING PRODUCTS

お肌にやさしいスタイリング剤

1

ロレッタ ムルムルバター

ムルムルバターとバオバブオイルの保湿効果で自然なツヤ髪に仕上がる、天然成分100%の洗い流さないトリートメント。30g 2300円 ロレッタ ／ビューティーエクスペリエンス

2

ヘアワックス

ヘアスタイリングはもちろん、髪・肌・リップ・ネイルまでケアできる、自然由来原料だけで作られたオーガニックヘアワックス。42g 1980円 ザ・プロダクト ／ココバイ

TIPS 23

ワックスを「もみ込む」のは卒業する

スタイリング剤をつけるときの注意点は、ファーストタッチで**髪の毛を握るようにしてつけない**こと。「もみ込む」という言葉のせいで、スタイリング剤は握ってつけると思っている人が多いのですが、そうすると最初に握った部分だけがべったり重くついてムラになってしまいます。

スタイリング剤の重さでカールも伸びてしまいますから、**必ず手の平をパーにしてつける**ようにしてください。それでも巻き髪のカールがキープできないという場合は、もう少し**キープ力の高いスプレータイプのワックス**がいいでしょう。

スプレーになっているくらいですから油分も多すぎず、テクスチャーも軽めです。表面の髪を持ち上げるようにして全体にさっとかければ、指通りはあるのにキープ力もあって、自然なままのヘアスタイルを維持できます。

TIPS 24

ヘアオイルは髪質と相談して選ぶ

最近では、ダウンスタイルのスタイリングには、ヘアオイルを使って仕上げるという方も多くなっているようです。

ヘアオイルは髪にもいいし、良い香りのするものが多いので、女性としては気分の上がるアイテムですよね。

ただしオイルは使い方がちょっと難しいアイテム。髪質をよく見極めてから選ばないと、**毛穴まわりはベタッとしているのに毛先はパサッとしている**という状態になってしまいます。

とくに根元にベタッと重くつけてしまうと、何日も髪を洗っていないような清潔感のない印象を与えてしまったり、髪に動きが出なくなって重く見えてしまいます。

「抜け感のある髪」のポイントである空気感は、根元が立ち上がっていないと出せません。

オイルをつける際には**中間から毛先のみにつけて、根元には絶対につけない**ようにしてください。

そして、オイルのテクスチャーも重めと軽めがありますから、自分の髪質や量を見てから選ぶようにしてください。

できたら購入前に試しに髪につけてみて、テクスチャーを手の平で確かめてから買った方がいいと思います。

もしも触ってベタッとした感じだったら、**うんと軽いタイプのテクスチャーからはじめる**ことをオススメします。

TIPS 25

ホームカラーリングは髪を硬くする

最近は、年齢が若い方でも白髪に悩む人が増えています。私のお客様でいえば、20代後半くらいから、カラーリングに使う染料を白髪染めにする人もいます。

白髪染めと普通のカラーリングの染料の違いは、**色がしっかり入って持ちがいいこと。**しっかり髪に定着してくれるので、安心感があります。

でも、濃い色で染めてあるからこそ、伸びてきた根元に白いものが交じってくると気になりますよね。それでドラッグストアのホームカラーリングを試したいと考える人は多いと思います。

でも、美容師としてはオススメしません。

なぜなら、**ホームカラーの染料は、髪をすごく硬くしてしまう**のです。普通のカラー剤に使われているものよりも染料が濃いので、ギュッと色が入ってガチガチの髪にしてしまいます。一本一本が針金のように硬くなってしまうので、触ったときの柔らかさも、光を反射するツヤも失われてしまいます。

もちろん色だけでなく、技術的にも自分でキレイに染めるのは本当に難しいもの。後ろの方は自分では見えないため、**めくってみると中は白くて全然染まっていない**ということもあるんです。まとめ髪などにすると、途端に襟足の白い部分が目立ってしまうということもよくあります。

また、本当は伸びてきた根元だけに塗ればいい白髪染めの染料を毛先まで均一に塗る方が多いため、ムラになってしまうこともあります。毛先はどうしても傷んでいますから**カラー剤も入りやすく、根元に比べて濃く染まってしまう**のです。

一度強いカラーが入ると、**あとでサロンに来ていただいてもキレイに染め直せなくなってしまいます**。

以前、自分で白髪を染めて、リタッチのために来店してくださったお客様もいましたが、染めた部分はかなり濃いブラウンになってしまって、美容院ではさらに暗い色で全体を染め直す以外のリタッチができなくなってしまいました。

自然派志向で「ヘナ」などの染料で染める方もいらっしゃいますが、そうした植物

TIPS 25

由来の染料は、使い続けると色を変えられなくなってしまう強いもの。植物性だから害はないと思いがちですが、アレルギーになってしまう方もたまにいるようです。

なにより**植物性の染料は赤みを帯びるという色の特徴があります**。そのため、人によってはかなり赤い髪の毛になってしまうことも。

使い続けると色も蓄積されていきますから、その髪色がずっと続くことになってしまいます。その部分の髪を切らない限り、明るくすることもできないし、違う色に染め直すこともできません。

髪は毎日伸びるものだからこそ、白髪を隠すのは難しいんですよね。

だから、私の場合は**伸びてきた場合も自然に馴染むようなハイライト**などを提案することもあります。隠すのではなくごまかす、というイメージでしょうか。

ハイライトでところどころ明るい髪が交じると、伸びてきた白髪もさほど気にならなくなります。

そうしたヘアが難しいという方には、**伸びてきた根元部分のみにヘアマスカラやヘアカラーファンデーションで色をつける**ことをご提案しています。どちらもドラッグストアなどで簡単に手に入りますし、小さいので携帯も可能です。買うときに**シャンプーで落ちるヘアマスカラやヘアカラーファンデーション**を選んでもらえれば、サロンで染めるときにも邪魔にならないでしょう。

白髪染めも、あまり頻繁にすると髪を傷めます。一カ月半から二カ月に一回くらいの頻度でサロンで染め直しをするといいと思います。

また、紫外線の強い季節には、75ページでご紹介したような**頭皮や髪の日焼け止めスプレー**をすると、紫外線からのダメージを防ぐとともに、カラーの色落ち予防にもなります。せっかく染めたカラーですから、長持ちさせることも意識してみてくださいね。

他にも、白髪の生えている部位によって目立たなくする方法はたくさんあると思いますので、自分で染めようとする前に、まずは美容師さんに相談してもらえたらと思います。

CHAPTER 3

フォルムがキレイだと横顔も美人になる

ふんわり後頭部で小顔に見せる

TIPS 26

四角いフォルムは頭を大きく見せる

頭の形は人によって全然違うものですが、日本人に多い悩みトップ2は「**ハチの張り**」と「**後頭部の絶壁**」。ハチが張っているからこそ頭が四角く見えて、大きく感じられてしまうのです。

だから、ペタンとした髪の毛でハチを強調してしまうのは絶対NG。

頭の形をよくするポイントはただひとつ。「トップ」と呼ばれる頭頂部にボリュームを出すことです。

トップの髪の根元が立ち上がると、自然と頭が立体的に見えてハチや後頭部が目立たず、頭の形もキレイに見えます。

たとえば、ニット帽をとったときのヘアを想像してみてください。

ぴっちりと頭にはりついた髪で頭の形が浮き彫りになってしまうと、あまりオシャレには見えませんよね（ニット帽をとったときには、すぐに髪をかきあげてトップをふんわりさせることをオススメします！）。

トップの髪を立ち上げるのに一番大切なのは、ドライヤーの使い方です。

というのも、スタイリングにおいては、ドライヤーの使い方がすべてなのです。

これは、ショートでもロングでもボブでも同じ。

正しい乾かし方を知っているだけで、朝のスタイリングも驚くほど時短になるし、広がりやうねりなどのクセも解決できますよ。

TIPS 27

大切なのはドライヤーの風向

髪は、**乾く途中で形が決まっていきます**。

だから、お風呂上がりにタオルを巻いてしばらく放置なんてことをしていると、髪が傷むのはもちろん、そのときについたクセが翌朝まで持ち越されてしまいます。その結果、朝には全部同じ方向に髪がはねていたり、片側だけ根元がペタンとすることも……。

お風呂上がりはとにかくスピード勝負。放置していると、頭皮の匂いも発生してしまいますから、できる限り早くドライヤーを使って、素早く乾かしましょう。

また、どうしてもついてしまったクセをリセットしたいときには、**水をスプレーして地肌までしっかり湿らせる**と、変なクセが解消しやすくなりますから、タオルを巻いてうっかり寝てしまったときなどは思い出してくださいね！（私もあります……）

ドライヤーの使い方には、特別な技術はいりません。もちろんサロンのように毎日ブラシを使って丁寧にブローしたら綺麗にスタイリングはできますが、実はブラシを使わずとも根元を立ち上げる方法があるのです。

ポイントは、**風を送る方向**。

髪は、頭頂部にあるつむじの毛流れによって、円を描くように生えています。ですから、**髪の毛はほとんどの人（約8割）が右回り、つまり時計回りに生えています**。前髪が12時、右側が3時、後頭部が6時、左側が9時というイメージで、渦を巻くように生えているのです。

だから、そのまま乾かすと左側の根元は立ち上がりやすく、右側の根元は潰れてしまいがち。ボブなどの方は、左耳の後ろに髪がたまりやすくなっていると思いますが、それはつむじによる毛流れが理由です。

毛量もどうしても左側が多く、右側が少なくなりがちですから、右側の少ない毛先がハネやすくなってしまうのです。

そのため、**乾かすときにはつむじと反対まわり、反時計回りに下から上に向かって**

TIPS 27

乾かすと、ブラシを使ってブローしなくてもすべて解消できます。

本来の毛流れに逆らって乾かせば根元のクセがリセットし、自然な立ち上がりがつきます。これで9割まで乾かしたら、元のスタイルの髪型に戻して、毛先を軽く下に引っ張るように伸ばしながら、上からドライヤーを当てて仕上げます。上からドライヤーを当てると、剥がれかけていたキューティクルの流れが整うので、面でツヤも出ます。

これは、ショートからミディアムレングスの方にオススメのドライ法。自然と根元に空気が取り込まれて立ち上がるので、トップにふんわりとした丸みのあるシルエットが完成し、頭の形もキレイに見えます。

一方、ロングの人は反時計回りに乾かすといっても長い髪がなびいてしまって難しいと思います。その場合は、すべての頭皮に垂直になるように風を当てて、内側から空気を入れるようにドライヤーを当ててください。すべての根元が立ち上がるように意識して風を当てるといいと思います。

そして、最後にトップから髪を前にもってきて、下に引っ張りながら乾かすと、前に向き直ったときには自然と後頭部がふんわりとしたシルエットになります。

仕上げはボブやショートと同じように仕上がりのスタイルに戻して、下に引っ張りながら上からドライヤーを当てると、ツヤが出ます。

ただし、乾かし終わったからといって、ここで、ギュッとゴムでまとめないでくださいね！　クセがつくと「うねり」になってしまうので、長い髪の毛が邪魔なときは、根元の立ち上がりを消さない程度にやさしくまとめておくと、根元の立ち上がりが朝までキープできると思います。

それでも、寝ると根元が潰れてしまうという場合には、98ページのテクニックを試してみてください！

\ HOW TO /

根元を立ち上げる乾かし方

ボブの乾かし方

1. 反時計回りに髪を動かしながらドライヤーを当てる。2. 後頭部も同様に反時計回りにドライヤーを当てる。3. 髪を下に引っ張り上からドライヤーを当てて、キューティクルを整える。

根元が全体的にふんわりした状態で100パーセント乾かして終了。

ロングの乾かし方

1. 地肌に垂直になるよう、髪を持ち上げながらドライヤーを当て、髪の内側に風が当たるようにする。2. 前髪は、分け目を変えながら反時計回りの方向にドライヤーをかける。3. つむじの下からトップの髪をすべて前にもってきて、上からドライヤーを当てる。4. ふだんのスタイルに戻して髪を下に引っ張りながら上からドライヤーを当てる。

根元が全体的にふんわりした状態で100パーセント乾かして終了。

TIPS 28

アイロンいらずで巻き髪をつくる

生まれつきのストレートヘアは綺麗ですが、たまにはちょっとクセがほしいと思う人は多いようです。

確かに力の抜けた自然なダウンスタイルには、ゆるやかな毛流れがあった方が柔らかく見えますし、まとめ髪にするときにも少しクセがあった方がまとまりやすくなります。かといって毎朝髪を巻くだけの時間はとれない……という人にオススメなのが、**寝る前の「仕込みおだんご」**。

小学生の頃に髪を三つ編みにして寝てみたことがある人は多いと思います。当時は、「貧乏パーマ」と呼ばれていましたが、翌朝の髪はパーマをかけたようにウェーブがついて嬉しかったのではないでしょうか。

でも、毛束を分けてギュッと三つ編みをすると髪がペタンとして根元が寝てしまうし、毛先はピンとしたストレートになり、かえって中間のソバージュ感が目立ってしまいます。

だから大人は**頭頂部でゆるいおだんごをつくって、ゴムが伸びたくらいのゆるゆるのシュシュでまとめて寝ましょう**。朝になれば大人っぽいゆるっとした巻き髪ヘアができています。頭頂部に髪を集めるため、根元も自然に立ち上がってシルエットも綺麗。毛先も丸めておけば、朝起きてシュシュをとるだけでゆるっとしたニュアンスのあるカールができているのです。

おだんごにする位置は、自分で思っているよりさらに上の方にとめるようにしてください。横になったときに枕にぶつかるようでは眠るときに気になってしまいますので、襟足にパラパラ落ちる髪の毛は気にせず、思いっきり頭のてっぺんにもちあげて、毛束を持ったらねじりながら毛先をぐるぐるおだんごに巻きつけるようにして固定すればOK。毛先まで巻き込んだ方が自然なカールになります。

注意点は、**前夜に髪の毛をしっかり乾かす**こと。ここでちゃんと乾かさずにまとめてしまうと髪が傷む原因になるので、注意してください。

また、強いゴムで結んでしまうと変なクセが強くついてしまったり、地肌に負担を

TIPS 28

かけて抜け毛の原因になってしまうので、**あくまでゆるいゴムを使いましょう**。パイル地のものや使い古してゆるゆるになったシュシュで十分です。

この寝るときおだんごヘアは、起きたときの片側だけの毛先のハネや、うねりも解消できます。

枕と頭の関係を考えてもらえばわかると思いますが、髪をおろしたまま枕に寝ると、首筋に沿うように髪がうねります。セミロングくらいの長さであれば、枕で中間の髪がへこむために、毛先だけがハネてしまうのです。

でも、上に向かって髪をまとめていると、**毛穴が潰れず根元の髪がすべて立ち上がったまま**なので、シュシュを取ったときにふんわりと丸みのあるシルエットができあがるのです。トップの毛も寝ないので、頭の形もキレイに見えること間違いなし。

パーマをかけている人も、このおだんごで寝れば、朝わざわざ水で濡らさなくてもカールが簡単に復活します。

そのままダウンスタイルにしてもいいし、アレンジしてもOK。一日中、ゆるっとエフォートレスなニュアンスをキープすることができます。

HOW TO

寝るときおだんごヘア

1 髪をすべてまとめて頭頂部にもってきます。寝るときに邪魔にならないくらい上までもってきましょう。

2 毛先まで巻き込んでから、ゆるゆるのゴムで固定します。

完成！

毛先が巻き込んであれば、仕上がりの形はなんでもOK！

TIPS 29

ふんわり後頭部でイメージを変える

ダウンスタイルでペッタリ髪に見せないためには、**トップの髪の毛先をワンカールだけ巻く**ことでフォルムを整えることもできます。

ダウンスタイルは、トップにボリュームを出すのがポイント。

とはいえドライヤーで根元は立ち上がっているので、巻くのは根元ではありません。毛先だけをアイロンでワンカールするだけで、**髪が落ちたときにペタンとせず、自然にふんわりとしたシルエットをつくってくれる**のです。

全体的に髪を巻くのは大変だけど、ダウンスタイルでもちょっとオシャレ感を出したいときに3分でできる方法です。

巻く毛束は二つ。

前髪以外のトップの毛束と、それより少し後ろからつむじの下くらいまでの毛束をとって前後で二つに分けておき、それぞれ引っ張りながら毛先をワンカールします。すると、前の毛束が左右に流れ落ち、後ろの毛束が後頭部より後ろに向かって落ちるように流れます。

最後は全体にシアバターなどで毛先を整えれば、それだけで後頭部のふんわり感が生まれ、全体のシルエットがひし形に整います。

自然にコンサバっぽいきちんと感が出るので、大人っぽくて女性らしい好感度の高いスタイルになります。

さらに全体に毛先だけワンカールをプラスすると、またちょっと雰囲気が変わります。**まるで全体を巻いたかのような動きや柔らかさが出て**、可愛らしくカジュアルな印象になります。

毛先だけのカールはキレイに巻かなくても目立ちませんから、ざっとラフに巻けば十分。ちょっとイメージを変えたいときにやってみてくださいね。

HOW TO

トップの髪を巻く

1

トップの髪をとって
毛先をアイロンに巻き込み、
前に引っ張りながら
ワンカール巻きます。

2

つむじよりやや下くらい
までの髪をとって、今度は
後ろ方向に引っ張りながら
毛先をワンカール巻きます。

二カ所巻き

トップの二カ所を巻いただけで、自然なひし形のシルエットが完成。女性らしいスタイルに

毛先巻きプラス

トップ二カ所に加えて全体に毛先巻き。毛先は適当に巻いても目立たないので簡単にできる。少しカジュアル感をプラスしたいときに。

TIPS 30

抜け感のあるフォルムの三つのポイント

外国人のストリートスナップには、「起きてすぐ髪を適当にまとめただけ」というようなヘアスタイルがよく出てきますよね。

この自然でオシャレな「抜け感」のあるまとめ髪をつくるには、次の三つの点をおさえましょう。

1 ベースの巻き

2 おくれ毛

3 後頭部のボリューム

順番に説明していきましょう。

ゆるっとした抜け感のあるアレンジをしたい場合、**「ベース」を巻いていないと、なかなかこの「ゆるっと」感が出にくい**ため、これは必須です。

すべての髪を丁寧に巻く必要はありません。全体に毛先だけを平巻きで（床と平行になるような巻き方）軽く巻いておいて、あとは表面の毛束を少しずつとって巻いておけばＯＫ。毛束は、**つかんだときに直径１センチ程度の分量ずつ巻いていくと、キレイに巻ける**と思います。

また、「寝るときおだんごヘア（１０１ページ）」でも、十分な「ゆるっと」ニュアンスになるので、朝時間がない、アイロンを使うのが苦手、という方はそれでも大丈夫。まっすぐな髪でなければＯＫです。

全体にパーの手でスタイリング剤をつけたら、指先を立てて手を熊手のようにしながら手ぐしですべての髪を後ろにもってきます。**高さは耳の延長線程度が基本**。高すぎず低すぎず、どんなファッションでも浮きません。

片手でまとめた毛束を持ったら、あいている方の手で少しずつおくれ毛を引き出します。

おくれ毛で難しいのは生活感のある疲れた感じに見えてしまうこと。この**「疲れお**

TIPS 30

くれ毛」と「オシャレおくれ毛」の違いは、「束感」と「場所」で決まります。

オシャレおくれ毛に見せるためには、**こめかみから引き出すのがポイント。**

おくれ毛というと、もみあげのイメージを持っている方もいると思いますが、これはちょっと古い感じ。今は、こめかみからひと束を引き出してハラリと出したほうが、小顔効果もあって、オシャレ度も上がって見えます。

もみあげから出した髪をくるくるさせてしまうと、とたんに昭和のオシャレ感が出てしまうので気をつけてください！

また、おくれ毛は量も大切。あまり多く出しすぎると重く、あかぬけない印象になってしまうので、**毛束をとる場合は、だいたいほんのひとつかみ（20〜30本程度）を目安に**してください。

こめかみの髪がひとすじたれると、顔に陰影も出て色っぽさも出ます。あまり長い場合は出さない方がいいこともありますが、リップラインくらいなら積極的に出してください。

可愛らしさをアップさせたいときには襟足も少し出すと、より無雑作感が生まれると思います。これは髪をまとめたときに自然に落ちた毛を、**スタイリング剤で束っぽ**

くしてあげるだけでOK。パラパラと短い毛をそのままにしておくだけでは疲れて見えてしまうので、この束感をつくるひと手間は忘れずに！

おくれ毛をキレイに出せたら、髪をゴムでまとめ、今度は後頭部にボリュームをつくります。

「後頭部のボリューム」をつくる際には、髪の引き出し方がポイントです。

ひとつ結びの場合、トップだけ引き出せばいいと思っている方が多いのですが、これでは自然な感じが出ません。1点だけ高さを出してしまうことで古臭い印象になってしまったり、顔や頭を長細い印象にしてしまうこともあります。

ですから、髪を引き出しても崩れないようにゴムを押さえながらトップの髪を少し引き出し、次に両サイドへ1・5センチずつ間隔をあけて、上の方の髪、下の方の髪、とジグザグに髪を少しずつ引き出すと、後頭部全体にふわっとしたボリュームが出て、頭の形をキレイに見せてくれます。

最後に忘れないでほしいのがゴムまわり。ここもランダムにつまんでほんの1ミリくらいずつ引き出すことで、さらに無造作感が高まります。

HOW TO

基本のひとつ結び

1

全体に毛先を平巻き
（床と平行になる
ように巻く）し、
表面の毛束も少しずつ
ランダムにとって
巻いておきます。

2

まとめた髪を後ろで
持ったまま、こめかみの
おくれ毛を引き出します。
引き出した髪には少し
スタイリング剤をつけて
束感を出すのを忘れずに。

3

崩れないように
ゴムを押さえながら、
トップの髪を引き出し、
左右に間隔をあけながら
全体に少しずつ
引き出していきます。
上の方、下の方と
交互に引き出すと、
ふんわり感が出ます。

完成！
後頭部のふんわりとしたシルエットが
抜け感のポイント！
こめかみのおくれ毛で小顔効果も。

TIPS 31

シルエットはファッションとの相性で考える

少し前までは、「ひし形シルエット」こそが黄金のヘアバランスと言われていました。

頭頂部は小さく、耳より上はふわりと膨らみ、首筋に向かってくびれていくひし形は、確かに頭の形や輪郭に関係なく、フォルム全体で骨格を矯正してくれる力があります。頬のたるみが気になる場合も、頬をカバーしてくれるようなひし形ヘアをオーダーされる人が多いようです。

ただし、大きな問題点がひとつあります。

それは、**「コンサバ感」を強調してしまうこと**。

モード系やカジュアル系のファッションが好きなのに、ヘアスタイルがコンサバなひし形シルエットのヘアスタイルだと、途端にちぐはぐな印象になってしまうのです。

ヘアとファッションとメイクは三位一体。系統は様々ありますが、ここでは大きく分けて**モード系、カジュアル系、フェミニン系**の三つで考えてみたいと思います。

モード系なら、モデルさんのように線と面を生かした、**ストンとストレートなシルエット**がハマります。

カジュアル系なら、ストレートでもクセ毛でも、**毛先の無造作感がポイント**。直線シルエットと比べて動きが出るので、オシャレ感とカジュアル感が両立できます。また、強いクセのある髪の毛なら、**外国の少年のようなふわっとした丸みのある無造作なヘア**も似合うと思います。

そして、モテも狙えるフェミニン系は、**ふわりとした髪の揺れ感が大事**。巻き髪で顔を柔らかく見せるとともに、「ひし形」シルエットを取り入れることで、顔形の悩みもカバーできるので、フェミニン系なら使わない手はありません。

そう、**「ひし形」シルエットは顔形をカバーするには確かに効果的**なのです。

ただ、ヘアのフォルムはその人の印象に大きく影響してしまうのも事実。

自分のテイストでないなら、むしろ手を出さないほうがいいでしょう。

TIPS 31

服がカジュアルでヘアだけがコンサバ＆フェミニンという組み合わせは、年齢を実際より上に見せてしまうこともあるので、要注意です。

「でも輪郭をカバーしたい！」というときは、「前髪」のスタイルでカバーすればＯＫ。たとえば面長さんがモードな印象を目指すなら、ボブでもセミロングでもストンとした直線のシルエットがハマりますから、**前髪だけは目の上でまっすぐな線を意識してパツンとカット**します。これならオシャレ感も出るし、長く見えがちな顔形もしっかりカバーできます。

丸顔さんがモードな印象にするなら、**長めの前髪をサイドに流しておでこを見せ、縦のラインを強調する**と、クールビューティに見えてモードな服とも相性がいいと思います。

カジュアルファッションの場合は、面長さんだったら**重ためのワイドバング**にすれば、ストレートでも巻き髪でも、カジュアルファッションとはまります。ワイドバングとは幅広の前髪。長めの顔の印象が変わるし、重い前髪のボリュームが面長の大人っぽさを解消してくれます。

丸顔さんの場合なら、前髪を伸ばして**手ぐしでかきあげたような9：1に分けた前髪**にすると、ヘルシーな印象が出せるでしょう。せっかくかきあげた前髪がピタッとしないよう、根元はしっかり立ち上げておきましょう。

フェミニン系なら、どちらも**薄い前髪がオススメ**。少し分け目をつくっておでこをのぞかせると清潔感が出ます。

こうして考えると、**骨格矯正は顔まわりの髪でいくらでもできる**ことがわかりますよね。

だから、最終的なヘア全体のフォルムは、自分のなりたいテイストで考えてもらうとうまくハマると思います。自分にはコレは似合わない、なんて決めつけずに、どんどん新しい自分にチャレンジしてください。

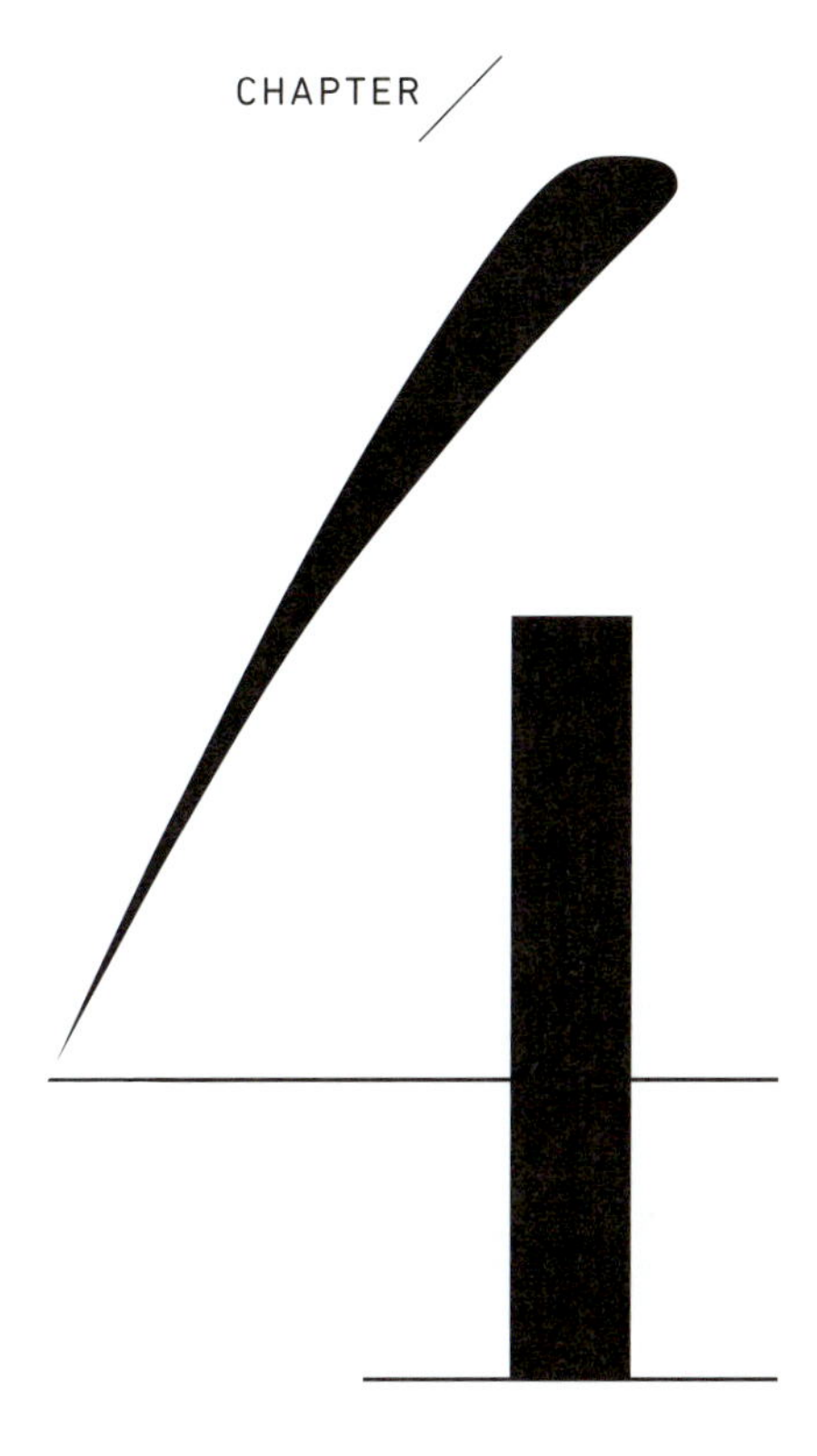

自分に似合う スタイルの探し方

顔形と髪質とクセで、
伸びてもキレイなスタイルを探す

TIPS 32

サロンでのオーダーで注意したいこと

この章では、顔の輪郭を綺麗に見せるスタイリングについてご説明しましょう。これは、美容師の協力も必要になることがあるかもしれませんので、最初に美容院でのオーダーについて見直してみましょう。

というのも、初めてのお客様は遠慮されているのか、案外ご希望を素直に教えていただけないことが多いのです。

憧れの芸能人の方の名前を挙げられるのはまったく恥ずかしいことではありませんし、写真でも雑誌の切り抜きでも、どんどん見せていただいた方が美容師は嬉しいです。

私がいつも思うのは、「もっと美容師になんでも教えてください！」ということ。その人の理想のスタイルも、今気になっているところも、お話しいただかないとわからないものです。でも話していただくことで、自分ではコンプレックスだと思っていた髪質やクセも、スタイリングによって素敵な魅力に生まれ変わるかもしれません。

髪型を変えると、雰囲気がガラッと変わりますよね。

ただ「いつもの感じで」というオーダーだけでなく、自分でも知らなかった自分の魅力が引き出せるような相談は、どんどんしてみてほしいと思います。


ときどき新規のお客様で、「前の美容院でパーマをかけたら髪がチリチリになってしまった……」とか、「カラーが綺麗に入らなくてまだらになってしまった……」と、セカンドオピニオン的に飛び込みでいらっしゃる方もいらっしゃいますが、それは、前回よりもう一つ前、前々回にほどこしたものの「何か」が髪に残っていることで起きたダメージということもあります。

お客様の髪質によっては、**初めて見た美容師の目からは、今が何と何をされた状態の髪なのかがわかりにくい場合もあります**。

1年たったからといってパーマが完全にとれたり、カラーが消えてなくなったりすることはありえません。パーマや縮毛矯正、カラーリングやブリーチをしていた場

TIPS 32

合、傷みもあります。

目指すパーマの仕上がりやカラーの仕上がりは同じでも、現状のダメージ具合でアプローチ方法が変わってくるため、**ここ数年で自分の髪にしたこと**を美容師にきちんと伝えていただけると、不要なダメージを防げることにもなり、理想のスタイリングに近づきやすくなります。

また、髪質についても同じです。「自分の髪はボリュームが出にくい」とか、逆に「広がりやすい」「クセがひどい」ということもできるだけ教えていただけると、美容師としては、対策を考えやすくなります。

というのも、一口にクセといっても、それが本当にもともとの髪質とは限らないからです。

ドライヤーのかけ方がまちがっていたり、シャンプーの選び方が髪質とあっていないせいで、自分は扱いにくい髪質だと思い込んでしまっている方がとても多いのも事実。

今の髪のどこがイヤか、どんなクセで困っているのか、お悩みはどんどん教えていただければ、私たちも対処法を一緒に考えることができます。

パーマがかかりにくいという人に向けた新しいパーマもできていますし、カットの技術も日々進化しています。

髪質もカラーの入り具合もボリュームも、100人いたら100通りあるのがヘアスタイル。どんな美容師だって、**一度であなたの魅力を引き出すのは難しいもの**です。

もっともっと美容師とコミュニケーションをとって、自分の髪質を理解して、自分にあったスタイルを見つけてほしいと思います。

美容師は、身近にいる髪のスペシャリスト。せっかくヘアサロンに来ているのですから、自分の髪質やケア法についてはどんどん相談していただいて、私たちを積極的に利用してくださいい！

ということで、次はもっと自分の髪質を知っていただくためのお話をしたいと思います。

TIPS 33

自分の髪質がわかれば目指す髪型も決まる

毎日ヘアサロンでお客様とお話ししていると、自分の髪質や、ダメージレベルを知らないお客様が本当に多いと感じます。

軟毛、硬毛、太さ、細さ、強いクセやうねりの出る人から、直毛タイプ、縮毛タイプまで、人の髪質は千差万別で量もまちまちです。

もしも自分の髪質がわからないという場合には、一度髪を濡らして観察してみましょう。

濡らしたときに髪がふにゃふにゃしたり、ペタンとするのは軟毛。いわゆる猫っ毛といわれるタイプです。雨の日には全体がペッタリしてしまいます。

濡らしてもしゃんとしているのは、硬毛タイプ。日本人の六割は硬毛と言われています。そこにクセがあると、雨の日には髪が広がりやすいタイプになりがちです。

また、後ろで髪を一本にして指でつかんだとき、**直径が3センチくらいありそうなら、髪の量が多いタイプ**です。髪の量が多い人は、前髪をセンターパートに分けるとヘルメットのように四角くなりがちなので、アシンメトリーな分け目のほうが似合います。

同じように髪が多くても、部位によってもまた違いが出ます。耳より上の面積の方が広い人は上部の方が髪が多く、下の面積の方が広い人では、下の方に髪が多くなります。そのため、似合うスタイルも違ってきます。

上の方が多い人はハチが広がって見えやすいので、センターパートやハーフアップなどはあまり向きません。**頭は四角に近づくほど大きく見えてしまいます**から、上にボリュームが出るスタイルより、ワンレンのように下にボリュームがたまりやすい髪型のほうが、スッキリと見えます。

逆に下の方が多い人は下にボリュームが出て重く見えてしまいがちなので、毛先に少しレイヤーを入れた方が動きが出て、重さが軽減されます。まとめるときには、ぐっと上に持ち上げておだんごにしてしまうと、上部のボリュームがない分、スッキリ見えるでしょう。

TIPS 33

また、CAさんのように、毎日髪をキュッと引っ張ってまとめている人は、生え際にクセがついて分け目が目立ちやすくなります。結わく場所がいつも同じ場合も髪にクセがついて、うねりが出てしまいます。そのため、**定期的に「分け目」を変えることをオススメします**。

ちょっと考えてみるだけで、自分の髪質や量をぜんぜん知らなかった方がほとんどだと思います。

ぜひ、鏡の前で自分の頭の形や髪質をよく観察してみてください。

なりたい髪型を探すときには、自分と似ている頭の形の人を探すことで、スタイリングが実現しやすくなりますよ。

TIPS 34

パーマに向く髪 向かない髪

パーマやアイロンで巻くときも髪質に左右されます。

軟毛はとくにパーマがかかりにくいと言われています。逆にクリッときつくかかるのは硬毛の人です。

強いクセ毛や縮毛で、おまけに髪が硬い人の場合は、手っ取り早く「縮毛矯正」や「ストレートパーマ」を試したいと考える人も多いと思いますが、私はあまりオススメしません。

というのも**強いパーマを一度かけると、そのかけた部分の髪を切らない限り、半永久的にストレート感が持続されてしまう**からです。

髪の毛というのは、拡大すればパスタのようなもの。硬毛の人であれば、それは茹でる前のパスタのようにしっかりとした棒になっています。

TIPS 34

その形を薬剤を使って、ねじって固めてしまうのがパーマの原理です。一度固めたこの結合は、基本的には一生とれません。

すると、たとえばクセ毛の人がストレートパーマをかけた場合、一カ月たって伸びてきた髪の根元はクセ毛なのに、中間から毛先はストレートパーマがかかったままというアンバランスなヘアスタイルになってしまいます。中間から毛先まではストンとしているのに、**根元だけがクセ毛でふわっとしていると、頭を大きく見せてしまいます**。

多くの人は一カ月に伸びる髪の毛は約1センチ。1年で12センチしか伸びません。パーマをかけた場合は、カットでマイナーチェンジしたとしても、よほど髪を短くしない限り、そのときにかけたウェーブをゼロにするには数年かかるのです。

それだったら、自分のクセをいかすようなヘアスタイルの方が、伸びてきたときにも違和感がなくなじむし、**長くキレイを維持できる**のではないでしょうか。

「縮毛矯正」ほどまっすぐにならない、柔らかくて手触りのいいストレートパーマもありますし、広がりやすい髪をボリュームダウンさせるパーマもあります。

髪は生まれたときからもっている自分の個性。

不思議なことに、たくさんの人の髪を触っていると、**髪質とその人の性格には共通点がある**ことに気づきます。硬い髪、軟らかい髪、クセの強い人、真っすぐな人……。そう考えると、髪の個性も大切なその人の一部。

自分の特徴を消して「新しいヘアをつくる」のではなく、自分のクセを把握して、どのくらい残してどのくらい修正するのかは、美容師さんとよく相談すれば見えてくるはず。きっと自分だけのヘアスタイルは見つかります。

むやみにまったく違うスタイルを目指すのではなく、一カ月後に伸びても素敵なヘアスタイルを目指しましょう。

TIPS 35

パーマとアイロン、どっちがキレイに巻ける？

「いつも綺麗な巻き髪でいたい」「アイロンを毎日使うのが大変だからパーマをかけたい」というオーダーはうちのサロンでも多いのですが、パーマとアイロンのどちらが髪を綺麗に見せるかといったら、実はアイロンです。

アイロンは手間がかかりますが、**熱をかけて巻くためにツヤが出てキレイに見えるんです。**

もちろん、パーマもアイロンも基本的には髪を乾燥させてしまうもの。それが傷み、パサつきにつながってしまうのは一緒です。

でも、実はパーマをかけている人の方が、髪が傷みやすいんです。

なぜなら、**パーマの場合は濡れたときにいちばんウェーブが出て、乾くと少し伸びるため。**するると、ほとんどの方は朝起きると髪を濡らして、そこにムースやワックスをつけて外出します。つまり、髪が濡れたまま外出することになるのです。

半乾きの髪のまま外出するということは、**キューティクルが開いたまま髪を乾燥させることになり、髪の内部の水分がどんどん蒸発して乾燥し、ツヤが出なくなってしまいます**。毎日これを繰り返すと、髪はどんどん傷んでしまいます。

その点、アイロンは髪を乾燥させた後で巻きますから、正しく使えばキューティクルも開くことなくツヤを出せるのです。

巻き髪でありながらツヤも維持したいという場合、私ならきちんと乾かしたうえで、毎朝軽く巻くことを提案します。

朝、アイロンで好みの具合に髪を巻いたら、仕上げにドライヤーで冷風を当ててあげると、**一気にキューティクルがキュッとしまります**から、カール感も維持しやすくなります。それに、ドライヤーの風で根元から自然にカールをほぐすことで、**適度にカールがくずれ、抜け感も出せます**。

毛先が丸いとどうしても甘い雰囲気になりますが、**過剰な甘さは大人をオシャレには見せてはくれません**。

少しとれかけたような自然なカールになるよう意識したほうが、オシャレ度はアップできると思います。

でも、「アイロンならカールもキレイに出るけど毎朝のアイロンはどうしてもムリ！　かといってパーマもかかりにくい」という人の場合は、パーマの「薬剤の力」では曲がらないけど、「熱の力」なら曲がる、という髪ですから、デジタルパーマが向いていると思います。

デジタルパーマは熱の力で髪を理想の形に結合して形状記憶させるものなので、髪によってはかなりしっかりとした形状記憶になります。

ですから、自髪がストレートの人がきつくかけると、やっぱり伸びてきたときに違和感を感じさせてしまいますので、カールの大きさやパーマの強度については、よく美容師さんと相談してくださいね。

また、パーマをかけたときにはくれぐれも半乾きの髪では出かけないよう、完全に乾かしてから油分を補ってあげるようにしてください。シアバター系のスタイリング剤はもちろん、時間がないなら顔につけた乳液の残りでもいいので、少しでもつけてあげると髪の保護になっていいですよ。

このように、パーマとアイロンのどちらを選ぶかは、髪質や生活スタイルに大きく左右されます。

ただ、美容師である私の個人的な意見では、**アイロンを使えばストレートも巻き髪も楽しめるし、パーマよりは髪を傷めにくいことは確か**。

一度傷んだ髪は切る以外の方法はありませんから、ツヤを楽しむためにはできるだけダメージを避ける選択をした方が、いろいろなスタイルを楽しめると思います。

それに、ストレートもくるくるの巻き髪もふんわりニュアンスのワンカールも、ファッションにあわせて自由自在に楽しめたら、洋服の幅も広がるし、伸びてきたときもリカバリーがしやすいように思います。

ちなみに**初心者の方は32ミリのアイロンが一番使いやすいと思います**。表面の毛先を巻くだけでかなり印象が変わりますので、試してみてください。

毛先を少し巻いただけで、恋が始まったお客様もいたくらい、印象が変わりますよ!

TIPS 36

「自分に似合う髪型」を見つける方法

サロンでときどきいただくオーダーに、「私に似合う髪型にしてください」というものがあります。

これは美容師にとって「まかせてくれている」という嬉しい言葉でもある反面、迷ってしまう言葉でもあります。

というのも、それぞれ人には必ず「好み」があるからです。

髪型というのは、服とメイクとセットで考えるもの。だから、かっこいい系が好きなのか、可愛い系が好きなのか、普段の服装はコンサバなのかカジュアルなのか……その人の好みの雰囲気や普段の服装に大きく左右されるため、その日初めて会った美容師から似合う髪型を押しつけることはできないからです。

でも、多くのお客様は自分でも「どんな雰囲気の自分になりたいのか」、わかっていないことも多いんですよね。

そのため私は、このようなオーダーのときには「今日のその人の感じ」だけでなく、**日常のライフスタイルや好みの雰囲気について質問しまくります**。

たとえばお子さんがいたら、スタイリングに時間をかけるのは難しい可能性があります。その場合、自分で髪を巻く時間がない人にレイヤーを入れても、単にまとまらないヘアスタイルになってしまいます。

仕事帰りにサロンに寄ってくれたためにカッチリした服装に見えたとしても、休日はカジュアルな服装の方が好きかもしれません。

このようなオーダーを整理するには、**二択の質問をたくさんします**。

「かっこいいのと可愛いのなら、どっちが好きですか？」

「ツヤっぽいのとふんわりの、どっちが好きですか？」

そんなふうに質問を重ねていくと、だんだんその人の好みが見えてきます。

みなさんも、自分で自分に似合うスタイルがわからないという場合は、**こういうカウンセリングを自分でやってみる**といいと思います。

質問を二択にしていくと自ずと答えが決まっていきますし、もっと具体的にしてい

TIPS 36

くなら**好みのビジュアルを集める**という方法もあります。

「こうなりたいな」と思うモデルさんや、「こういう着こなしが好き」という雑誌のコーディネート、「してみたい」と思う髪型や、「この人のキャラが好き」という映画の登場人物などを、雑誌やインスタグラム、ピンタレストも含めてスクリーンショットでとっておくのです。それを携帯のひとつのフォルダに集めてみると、自分が好きなもののテイストが客観的に見えてくると思います。

そこから、**キーワードを拾ってオーダーのときに言います**。

「ふんわりした柔らかい感じ」、「ナチュラル」、「メンズライクな服」、「シンプルで潔い」という感じで抽象的な言葉で大丈夫です。

ここだけの話、美容師にも好みのテイストがあるのも事実。

男性の美容師の場合は、できるだけ「可愛い」に近づけようとする傾向にあり、女性の場合は大胆で、「新しさ」をプラスしようとする傾向があります。

そのため、「前髪どうしますか?」とお客様にきいて、「ちょっと長めで……」といった曖昧な返事が返ってくると、男性美容師の場合は「サイドに流す感じかな」と、勝手にコンサバな斜め前髪をつくってしまいがちなのです。

でも、こういうときに、「ふだんはデニムをカジュアルに穿くことが多くて、かっこいい感じが好きなんです。だから、ちょっと長めの前髪でラフな感じを出したいです」と教えてもらえれば、「じゃあ、左から右に向けて長くなるようにして、乾かしっぱなしで雰囲気を出しましょう!」と、さらにお客様の好みに添ったアレンジを提案してくれることにもなると思います。

「おまかせ」とは言っても、おそらく「似合えばなんでもいい」と思っている方はないはず。

お買い物に行って適当に洋服を買うことはないですよね? 同じように、サロンに来てくださったからには、「新しい自分を引き出してほしい」という思いがあるはずです。

せっかくなら自分でももっと好みを研究して、理想の自分のビジュアルを考えてみるといいですよ。服もメイクもヘアも、ぼんやりバラバラのテイストをそろえていたことにも気づけて、トータルであなたの個性がハッキリします。

TIPS 37

「丸顔が気になる……」という人の8割は丸顔じゃない！

顔形も頭の形も千差万別なのは前にも書いた通りですが、不思議なことに、**ほとんどのお客様は自分を丸顔だと思い込んでいます**。

綺麗な卵形をしていても、ご本人は頬の丸みを気にして「この頬をスッキリさせたい！」と思っているのです。

本来、頬の丸みは柔らかさや女性らしさを強調してくれるところ。個人的にはあまり気にする必要はないと思うのですが、面長な人であっても「頬が丸くて……」と言うお客様が多いので、自分では気になってしまう部分なのかもしれませんね。

自分で確かめたいときには、ヘアバンドなどで前髪をしっかり上げて、後ろの髪もすべてまとめて、まっすぐ鏡に向かって見てみてください。自分の顔の輪郭をじっくり見る機会は案外ないのですが、そうやって見てみると、きっとほとんどの方は卵形だと思います。逆に**頬の丸みを失うと老けて見える可能性もある**ので、そうなったときの自分を想像してみてくださいね。

それでもどうしても「頬の丸みが気になる」という場合には、二つの解消法があります。

ひとつめは、**こめかみを隠すこと**。つまり、**前髪の横幅を縮める**のです。

基本的に美容師は、**顔が卵形に見えることを理想として、顔まわりの髪をカットします**。

たとえば面長さんなら、縦長の印象を和らげるために前髪をおろしたり、サイドにボリュームを出して横幅を強調します。

丸顔さんなら、長めにつくった前髪をサイドに流しておでこを見せ、縦のラインを強調します。

エラ張りさんなら、リップラインにレイヤーを入れて輪郭に動きを出すようにします。

どんな輪郭であっても全体を見たときに卵形に近づくように、足りないところは補

TIPS 37

い、はみ出た部分は隠すようにしているのです。

自分を丸顔だと思う場合は顔の横幅が気になっている状態なので、前髪の横幅は**広くても黒目の外側まで**。それより外側は、サイドの髪に含まれて見えるようにカットしてもらうといいでしょう。

こめかみを隠すだけで、３割小顔に見えます。

まとめ髪のときなどには、こめかみからおくれ毛を引き出せば、おくれ毛が頬骨にかかって骨格矯正のような効果もあり、顔の横で揺れる「縦のライン」で横幅をカバーすることができます。ただし、ストレートの髪を出しても疲れて見えてしまう可能性もあるので、引き出したあとに**スタイリング剤で束感を出して、軽く巻いておいた方がキレイ**に見えると思います。

丸い頬（と、ご本人が思っている）をカバーするもう一つの方法は、**顔まわりの毛先に動きが出るようにレイヤーを入れる**ことです。

レイヤーがない長い髪は重みでペッタリしてしまいますが、レイヤーを入れると短い髪に動きが出て、頬まわりの輪郭をカバーしてくれます。無造作に揺れる動きで輪郭も気にならずに自然に小顔の印象に。これは頬のたるみが気になる人や、二重顎、エラを隠したいときにも使えます。
ただし、頬まわりにレイヤーが入ることで、まとめ髪のときに拾えない短い髪の毛がパラパラと落ちてしまうという難点もあります。お仕事で毎日スッキリとした印象のまとめ髪にしなくてはならない人には不向きと言えるでしょう。

誰にとっても理想のヘアスタイルというのが、なかなか一つに絞れないのが難しいところですが、私は本来、**どんな輪郭でもその人らしい美しさを強調することがいちばん素敵**だと思っています。

頬が丸くても首がスッキリ長い場合は、おくれ毛なしでいさぎよくまとめ髪にした方が素敵に見えますし。目も口もすっきりした直線的な顔立ちなら、頬の丸みで優しさが出せるので、頬を見せた方がいいかもしれません。

顔もヘアも切り離せないからこそ、一人ひとり素敵に見えるヘアスタイルは違うもの。マイナスを隠すことを研究するより、自分のプラスを目立たせるようなヘアスタイルを研究することをオススメします！

前髪は黒目の真ん中から外側まで

前髪は黒目の外側まで。こめかみを隠すと顔の横幅が狭く感じられて卵形に見える。

TIPS 38

前髪で影をつくると色気が倍になる

ときどき、サロンに来てくださる40代以上のお客様で「女っぽくしてください」とか、「色気のある感じにしてください」とオーダーしてくださる方がいらっしゃいます。

結婚も出産もして女性から母親になり、自分のことは二の次三の次という暮らしをしていると、ふと〝女性らしさ〟を取り戻したいと思うそうです。

こういった場合、本当は「髪型」を変えたいというよりは**「印象」を変えたい**んですよね。

でも、印象なら自分でもけっこう簡単に変えることができます。

ヘアスタイルのなかでも**印象を大きく左右するのは前髪**。だから、前髪の分け目を変えるだけで、ガラッと印象を変えることができるのです。

TIPS 38

ポイントはアシンメトリーな前髪。左右非対称に分けることで、顔に陰影を出すことができます。

アシンメトリーな前髪は、ふとした瞬間に片側の目元だけが隠れ、表情が見えそうで見えない影を生みます。このうらはらさが色っぽさを引き出すポイント。

分量は7：3分けだと普通に見えてしまうし、9：1分けだと影が重たくなりすぎてしまうため、8：2分けくらいの配分がオススメ。

いつも分けているのとは反対側の分け目に髪をもってきて、手ぐしでざっくりとかき上げると、分け目にボリュームが出て小顔効果も生まれます。

特別なスタイリング剤もいりません。毛流れをつくるだけなので、シアバターなどを小指に少しだけとって手の平でよく伸ばし、その手で1回かきあげるくらいで十分です。

なかなかいつもと違う分け目にはできないという場合は生えグセが影響しています。多くの人はつむじから時計回りに髪が生えている影響で、左から右に髪が流れるクセがあります。

その場合は、一度根元まで前髪を濡らし、クセの流れと反対の方からドライヤーを当てて乾かすことでクセの影響をなくし、フラットな状態にしてからシアバターなどをつけた手でかきあげれば、すんなりいうことをきいてくれます。

前髪の長さは、**リップラインくらいあると、とくに色っぽさを強調してくれます**。動くたびに髪が揺れて唇に視線を集め、エラなどの骨格やフェイスラインにも寄り添って輪郭をカバーする効果もあります。


そもそも人間の顔立ちは、ほとんどの人が左右非対称。

どんな美人さんでもモデルさんでも、**完璧に左右対称な方はほとんどいません**。

一説には、左半分の顔は感性を司る「右脳」、右半分の顔は理性を司る「左脳」がコントロールしているからと言われていて、そのために左右の表情にもちょっとした違いが生まれると言われています。一般的には**左半分の顔は甘さや柔らかさが出て、右半分の顔は知的で大人っぽい印象を与える**そうです。

美容師の目から見ても、眉の高さ、目の位置、口角の上がり方や筋肉のつき方まで、ほとんどの方は左右で全然違っています。

ということは、「色気が欲しい」場合、甘さのある左側の顔を隠して、大人っぽい表情になる右側の顔を強調するのが正解。つまり、**8：2の自分から見て右分けのサイドパートがどんな人でもいちばん色っぽく見える髪型**になるのです。

光のあたっている右顔はキリッとした表情なのに、揺れる前髪からのぞく顔はちょっとあどけないバランス、ぜひ鏡の前で試してみてください。残った右前髪は耳にかけてピアスもしっかり見せると、より色っぽさが際立ちます。

逆に2：8で分けて左側の顔を見せると、甘い雰囲気になります。こちらはデートのときなどにオススメです。

8：2の色気分け

キリッとした右顔を見せて左顔を隠すと色っぽくなる。

2 STYLE

2：8の甘め分け

甘い左顔を全部見せるとデート仕様の可愛さに。

TIPS 39

分け目を変えると別人になれる

さきほどは色気を出す前髪の分け方を紹介をしましたが、他にも顔の印象を変える前髪のアレンジはたくさんあります。

たとえば、面接やプレゼンなどの知的に見せたいシーンでは、**シャープな顔立ちの右顔を見せつつも清潔感のある前髪がベスト**です。

色気を出したいときのように影をつくるのはビジネスシーンでは向かないので、顔をスッキリ見せてくれるよう前髪を耳にかけたり、スタイリング剤を使っておでこに沿うように流し、毛先をぴっちり内側にしまった方がきちんと見えます（前髪のアレンジは150ページ参照）。分け目は7：3くらいだと、すっきりした清潔感が出ます。

逆に、初対面の人がいるシーンやデートには、**感情豊かで柔らかい印象を与える左**

顔を見せましょう。左側に分け目をつくって自然におろしていてもいいですし、サイドに流すにしても、あまりぴっちりまとめないほうが優しい左顔の雰囲気にあいます。こちらも3：7くらいの方が印象が強くなりすぎません。

たまには印象を変えたいとか、モードっぽい服にチャレンジしたいときには、**真ん中で分けるセンターパートが素敵**です。**知的な印象を与えつつオシャレ感を強調できる**ので、いつも7：3分けなどの無難な前髪が多い場合には大きく印象を変えることができます。

ただ、センターパートは似合う人を選ぶ難易度の高い分け目でもあります。左右対象に前髪を分けると顔まわりに影をつくれないので、もともと平面顔の日本人では、のっぺり見えてしまう危険もあるのです。

ボブやショートなら毛先のアレンジをし、ロングの人の場合は**顔まわりの髪を少し巻いて動きを出し、真ん中分けであっても陰影をつくってバランスをとる**と、なじみやすくなります。

もし短い前髪をつくるなら、**眉と目の間でカットするのがベストバランス**。額をある程度隠しているので小顔効果が高く、目を大きく見せてくれるという嬉しい効果もあります。おでこを隠すと柔らかい人柄に見えるという効果もあるので、男女問わず幅広い世代に好印象を残せます。

とくに個性を強調したくないなら、重たくなりすぎないよう、**おろしたときに少し隙間からおでこがのぞく程度に透け感を出したほうが今っぽい雰囲気が出ます**。

逆にパツンとそろった前髪にすると、かなりモードで強い印象になってしまうため、柔らかくは見えません。**インパクトもあり個性的な雰囲気の出るヘアスタイルなので、それだけでもオシャレ上級者に見えます**が、ファッションとのバランスを考えて挑戦してみてください。

もし既にパツンとした前髪になっているなら、柔らかく見せたいときには少しおでこをのぞかせるといいですよ。

どんなシーンで、相手にどういう印象を与えるかは、メイクやファッションだけでなく、前髪だけでもコントロールすることができますので、前髪のアレンジはぜひいくつか覚えていただけたらと思います。次の項目では、流し方を詳しく解説しますね。

STYLE

前髪センターパート

センターパートは
モードな雰囲気にしてくれる。
毛先に動きを出せば
よりなじみやすく。

TIPS 40

「伸びた前髪」は流し方で遊ぶ

美容室に行くのは平均して二〜三カ月に1回という人が多いと思いますが、問題は前髪が伸びることですよね。そんなときは、変わっていく髪型も楽しめるように、**斜めに流すテクニックで乗り切る**のはいかがでしょう?

もともと眉より長めの前髪にカットしていた場合、一カ月くらいたてば目にかかって邪魔になっていると思います。

そんなときは、前髪の毛先をアイロンで**ワンカールだけ真下に巻くと流しやすくなります**。

アイロンが怖いという場合は、マジックカーラーで巻いておいて、ドライヤーを熱風→冷風の順にあてておき、そのままメイクをすれば、終わる頃にはクセがつくと思います。

こうすると、毛先のカールが自然とサイドに向かうので、簡単に流せて邪魔にもなりません。

スタイリング剤をごく少量毛先になじませて、左右どちらかに向かって流せば完成です。

このときも、右分けにすると知的に、左分けにすると甘めの顔が強調できます。

もっと伸びてきて邪魔になったという場合には、**トップから髪を前にもってきて、前髪を巻き込みながらスタイリング剤をつけて1回だけねじるようにしながら耳にかける**と、下を向いても落ちてこずに、タイトな前髪がつくれます。雨の日にも便利ですし、襟の詰まった服を着るときなどにもスッキリした印象になります。分け目は右分けのクールな顔を見せたほうがハマるでしょう。

これから前髪を長くするために伸ばしたいという人の場合には、前髪の幅を徐々に狭めるように、両端を伸ばしてだんだんサイドの髪になじませていくと、伸ばしていきやすくなると思います。次回サロンに行くときには、前髪を伸ばしたいことも伝えつつオーダーしてみてください。

前髪の流し方

左分け甘め

ワンカールした毛先を3：7で左分けにして右側に向けて流します。左顔がのぞくので、甘めの顔で優しい雰囲気に。

右分けクール

トップから髪を前に持ってきて、伸びた前髪と一緒にねじりながら耳にかけます。ちょっとタイトで落ち着いた雰囲気をつくるのに便利。

TIPS 41

絶対に失敗しない前髪のセルフカット

前髪を流すのにも飽きたし、どうしてもこの伸びてきた前髪を切りたい！　という場合。美容師目線としては、「次のカットにも影響するからナシでお願いします」と言いたいところですが、せめて適当に切らずに「正しいセルフカットの方法」を覚えてほしいというのが本音。

ここでは、「どうしても」のときだけやってほしい、前髪のセルフカット法をお教えしましょう。

プロセスを細かく分けているのは、絶対に失敗しないようにしたいからです。**前髪は印象を大きく左右しますから、とにかく慎重に！**　少しずつ切るようにしてくださいね。

1 前髪の量を決めます。
トップから三角形になるよう取りましょう。

2 前髪をごく薄く下ろします。最初はこの程度で十分。ここを切りながら仕上がりの長さを考えます。

まずは両サイドの髪を耳にかけてください。できれば、ダッカール（髪を留めるクリップ）などでブロッキングをして、前髪をはっきり区別できた方がカットしやすくなります。

次に、**前髪の始まりのポイントをつくり、前に向かって三角形をつくる**ようなイメージで、前髪の量を決めます。

前髪の始まるポイントは、基本的には前回の美容師さんの切ってくれたところと同じところから切るといいでしょう。あまりトップの上のほうからとって

3 次にもう少し量を増やして下ろします。ハサミを縦に入れながら、最初のラインは絶対に越えないように切ります。

4 全体を下ろし、同じく下の髪より短くならないように少しずつ切ります。切り終えてもう少し短くしたいと思ったら、もう一度薄く下ろすところからやりましょう。

しまうと、前髪が厚くなりすぎてしまったり、前髪に長さが出ることで顔も長く見えてしまうので、鏡を見ながら自分の顔がキレイに見える位置を探すようにしましょう。

注意したいのが、サイドの髪まで前髪と一緒に切ってしまうこと。プロ以外がサイド（こめかみあたり）まで切ってしまうと、顔が大きく見えてしまう可能性が高いので要注意です。

サイドの髪は、黒目の外側から始まると覚えてください。**黒目の外側の髪は、絶対に切らな**

TIPS 41

間違えて切らないようにしておくといいと思います。いようにしてくださいね！　黒目の外側の髪は、サイドの髪と一緒に留めておいて、

ここまでできれば、あとは切るだけ。

でも、前髪のカットを失敗するのは絶対に避けたいので、私は3段階に分けます。内側、中間、表面と3段階に分けてカットすると、失敗しにくくなるからです。

切っていくうえで**絶対に守らなくてはいけないのが、前に切った長さよりも絶対に短くしない**ということ。一番内側のブロックなら、多少短くなっても上から次の髪をかぶせればわかりませんが、外側を切りすぎてしまうと、修復のしようがなくなってしまいます。ですから、**内側の長さより絶対短くしないこと**。これさえ肝に銘じておけば、内側の髪が多少短くなりすぎても問題ありません。**内側の髪を少しずつ切ることで、仕上がりの長さを決めていきましょう**。

迷ったなら、だいたい目と眉の間ぐらいの長さに切っておくと、どんなジャンルのファッションでも似合うと思います。ハサミは横向きではなく縦に持って、パツンとしたラインにならないようにカットしてくださいね。

切るときに前髪が濡れた状態と乾いた状態のどちらで切ればいいのか、という質問

もよく受けますが、基本的にはどちらでもＯＫです。

でも水に濡らすと髪は伸びるので、**濡らして切る場合は縮むことを想定して長めに切りましょう**。くれぐれも濡れた状態で仕上がりのラインで切らないように気をつけてくださいね。濡れた髪は切った後の髪が飛び散らないので片づけにはラクなのですが、乾いた後に微調整するから長めにしておこう、くらいの気持ちで切ったほうが失敗を避けられると思います。

一番大切なのは、姿勢。自分で切っていると、切った髪が目に入らないようにだんだん顎を引いてしまう方が多いのですが、真正面を向いて切らないと、理想の長さとズレてしまいますから、常に真っ直ぐ鏡を見るよう意識してください。

黒目より外側は切らない、３段に分けて切る、まっすぐ前を向く、この三つの基本を守れば、大きな失敗はしないでしょう。

とはいえ、美容師としては前髪だけでもサロンに来てもらった方がありがたいです。前髪だけの料金を用意しているサロンはたくさんありますし、時間も10分ちょっとで済みます。失敗すると次のカットにも影響してしまうので、できるだけサロンへ！ ぜひお気軽にお立ち寄りください！

TIPS 42

季節ごとに「新しい自分」を発見する

昨年買ってお気に入りだった洋服が、今年着てみたら気分じゃないと感じたり、似合わないと思ったりしたことってありませんか？

それはヘアスタイルも同じです。

季節も変わるし、歳もとるし、環境も変わる。

年齢とともに、髪質だって変化します。

だからこそ、今似合っているヘアスタイルや髪色がずっと正解とは限りません。

30代になると、10～20代の自分を模索していた頃と比べ、ある程度自分に似合うものや好きなテイストもわかってきますよね。そして、新しいものにトライすることをやめて、ついつい現状維持を選んでしまいがちになります。

でも、**いつのまにか現状維持じゃなく、「昔のまま」の人になってしまう**というのが一番危険。

「私はこれが似合う」とか「この髪型を褒められた」という固定概念ができあがってしまうと新しい挑戦ができなくなって、気づいたときには季節や時代の変化に取り残されてしまうことも。

トレンドが変わったのに昔流行った口紅をずっと使っているような「古い人」になるのはイヤですよね。

自分のスタイルを持つのはとても大切なことです。でもそれが**昔の自分への執着になってしまうのはもったいない**。

ヘアスタイルを変えると、最初は鏡の中の見慣れない自分に違和感があると思います。でも、まわりの人からは褒められたりして、だんだん慣れていきますよね。それが「イメチェン」ということなんじゃないかと私は思います。最初は見慣れないくらい変わったからこそ、チェンジできたものがあるはず。

すると、もっと強い色の口紅をつけてみようとか、意外とカジュアルな服が似合うようになった！　とか、新しいチャレンジができるようになるのです。

ヘアスタイルは、マイナーチェンジでもいいので臆病にならず、自分を固定しない

でいろいろ試してみると、もっともっとキレイになれる可能性が広がると思います。

前髪のちょっとした透け感や、毛先のそろえ方、ショートヘアのフォルムにしても、**時代によって微妙に流行が変化しています**。同じ長さを維持していても、少しアレンジするだけで印象は大きく変わります。

「前の美容師さんに、前髪はないほうがいいと言われたから」などとおっしゃるお客様もいますが、そういった固定概念は一切なしでチャレンジするからこそ、新しい自分に出会えるのです。

仕事の関係で長さを変えられないという人もいると思いますが、そういった場合は、カラーや巻き髪、また毛先のカットで遊ぶのはアリですよね。

私は、「いつもと同じ感じで」とオーダーしてくださるお客様には、季節に合わせてカットもカラーもちょっぴり変えるよう提案をしています。

夏ならちょっと緑を入れてアッシュっぽく。冬ならピンクを入れてツヤっぽく。服装やメイクも変わるんだから、ヘアも変えないのはおかしいですよね。

ですから、サロンへは最低でもシーズンに1回は来てほしいと思います。四季にあわせて来ていただければ、三カ月に1回はメンテナンスができます。

どんなに気をつけても毛先の傷みやカラーの退色は避けられません。全体に黄色がかった髪と傷んだ毛先では清潔感に影響しますから、洋服が変わる頃には必ず来てくださいね。

たまにいろいろな角度で自撮りして見てみるのも、自分を客観視できていいですよ。

いつでも新鮮な人でいるためには、自分を知るのも大切なこと。年齢を重ねるたびに変わっていく自分を発見できたらもっと自分を楽しめると思います。

CHAPTER 5

オシャレ見えする
ヘアアレンジ

ポイントをおさえれば、
ぶきっちょさんでも簡単にできる！

TIPS 43

朝5分でできてオシャレなひとつ結び

今、トレンドのアレンジといえば、ダントツでひとつ結び。シンプルなのに抜け感とオシャレ感が出しやすく、位置次第でどんなコーディネートにもハマるヘアスタイルです。

ただし、一歩間違えると疲れて見えたり、子どもっぽく見えてしまうのも事実。シンプルだからこそ、ポイントをおさえることが大切です。

ひとつ結びには、低めひとつ結び、110ページで紹介した耳位置で結ぶ「基本のひとつ結び」、そして高めのひとつ結び、簡単にいえば3種類のひとつ結びがあります。

ひとつ結びは高さによって雰囲気が変わるのが面白いところ。それぞれでポイントも変わってきますので、順番に説明していきますね。

最初は低めにひとつ結びをする場合。

低めひとつ結びはこなれ感が出しやすく、オシャレに見せやすい反面、一番疲れて見せてしまう可能性もあるアレンジ。おくれ毛はなしで、潔くまとめましょう。

まずは、手を熊手にしてざっくりと手ぐしの跡を残して襟足の上で結びます。トップの髪の引き出し方は、１１０ページでお話ししたようにトップからサイドへジグザグとつまみ出し、結び目のまわりも忘れずに引き出してください。

ポイントとなるのは**耳の見せ方**。トップや後頭部同様、耳の後ろからもサイドの髪をゆるく引き出し、**耳を半分隠すとバランス良く仕上がります**。耳を隠すだけで、大人っぽいモードな雰囲気が簡単につくれるのです。

ベースを巻く時間がないときでも、ストレートと相性がいいのがこのひとつ結び。ただし巻かない場合は、モード風に振り切った方がオシャレにハマります。前髪を８：２に分け、手ぐしの跡は残さずに面を生かしたツヤのある質感で仕上げてください。

トップとその周辺の毛束は軽く引き出しつつも、全体はあまりデコボコさせないよ

TIPS 43

うに控えめにしたほうがいいでしょう。

おくれ毛を出さない代わりに大ぶりのピアスなどを合わせると、小顔効果も狙えます。

ちなみに、帽子をかぶるときはトップの髪がつぶれがちですが、この低めでタイトにしたひとつ結びのときなら、トップがつぶれても違和感なくスタイルを維持できますので、冬に重宝すると思います。

まとめるヘアゴムも、コンチョなどちょっと飾りのついたものにすれば、ゴムを隠す手間も省けて簡単に完成します。

高い位置でひとつ結びにする場合は、**顎から耳を結んだ延長線で結ぶのが黄金バランス**です。

高い位置で結ぶ場合は子どもっぽく見える危険があるので、おくれ毛でカジュアル感を出すと、大人にも似合うようになります。

こめかみからおくれ毛を少しだけ引き出したらそのままもみあげも引き出し、スタイリング剤を少しだけ毛先につけて束感を出しておきましょう。

襟足からこぼれたおくれ毛もニュアンスになりますから、そのまま束感が出るようにスタイリング剤をつけておきましょう。

高い位置でひとつ結びをするときには、全体がピンとしたストレートだと急にチアリーダーのようになりますので、**必ずゆるく巻いてから**にしましょう。

この場合は細いゴムでまとめ、毛束をとって巻きつけながらゴムを隠した方が大人っぽくなります。**ピアスはナシか、つけるとしてもシンプルなほうがトゥーマッチになりません**。

低いひとつ結びも高いひとつ結びも、そのままおだんごにもアレンジできますので、どちらも覚えておいたほうがアレンジの幅が広がります。ぜひチャレンジしてみてください。

STYLE

低めひとつ結び

クールでモードな印象になる
低めひとつ結び。
耳を半分隠すと
モードな雰囲気に。

POINT

耳を半分隠すように
髪を引き出す。

可愛らしいカジュアルさが出る
高めのひとつ結びは、
こめかみともみあげ、襟足からも
おくれ毛を出すのがポイント。

POINT

こめかみのおくれ毛で
こなれ感をプラス。

STYLE

高めひとつ結び

TIPS 44

雨の日は「ウェットな質感」でボリュームダウン

雨の日に髪が広がりやすくなってしまって憂鬱に感じる人は多いと思います。

その原因は、**髪の水分量**。湿気によって必要以上の水分が髪に入り込むと、髪が膨張して広がり、まとまらなくなってしまうのです。

もともと髪が傷んでいる場合には、それがさらにうねりへとつながります。

剥がれかけているキューティクルの隙間に水分が入り込んで膨張させるのですが、**傷んだ部分と傷んでいない部分によって水分量が不ぞろいになるために、髪にうねりをつくってしまう**のです。

私たちの髪は、日常的な紫外線や摩擦、カラーリングなどで、傷んでいない人はほぼいませんから、雨の日はいっそタイトにまとめる方がキレイに見えると思います。

おくれ毛を出すと首にぺたっとはりついてしまうこともあり、清潔感が損なわれてしまうので、**できるだけタイトにまとめてちょっぴりモード感を出す**とキレイです。いつも着ている服でもタイトなヘアにすると少し雰囲気が変わってクールに見えますから、イメージを変えることもできますよ。

ただし、「地味」に終わらないように**アイメイクをしっかりして、目元の印象は強くした方がいいでしょう**。

ショートやボブのときは、ウェットな質感を楽しむのも素敵です。**濡れたような質感にするだけで、雨の日特有のモワッとした広がりを抑えることができます**。

スタイリングには、市販のウェット質感用のスタイリング剤もありますが、手持ちのシアバター系のスタイリング剤にオイルを混ぜるだけでもＯＫ。

セミロングぐらいの長さであれば、人差し指の爪の背で一回すくったぐらいの量のスタイリング剤を手にとり、そこにオイルをワンプッシュ（パール大）加え、混ぜながら手の平全体に広げます。

両手の平全体にいきわたったら、根元をはずして中間から毛先までの髪に、パーの手でまんべんなくなじませてください。いつものスタイリング剤をなじませるときよりも毛先により多くつくように、できるだけ指を開いて毛先を何度も通すようにすると、いい具合にウェット感が出ます。

もしウェット感が足りないと感じたら、少量のシアバターを指先にとり、毛先にだけつけながら束感の演出を。いつもと同じデニムスタイルでも、クールにかっこよく見えてくると思います。

ウェットスタイルは、もしかしたら難易度が高いと思われる人もいるかもしれませんが、それは服装とのあわせ方に影響されます。

実は、**コンサバな服やフェミニンな印象の服にウェットな質感の髪をあわせると、途端に清潔感がなくなってしまう**のです。

ウェットスタイルにするときには、クールなイメージの服、モードなイメージの服、メンズライクでちょっとハードな服の方が似合います。そして、赤みの強い口紅の方がしっくりきます。

ぜひ服も口紅も変えて試してみてくださいね。

STYLE

ウェットアレンジのボブ

ウェットな質感と
赤い口紅はよく合います。
服もメイクも
いつもと変えてみると、
新しい自分に出会えるかも。

TIPS 45

パリジェンヌの定番「エフォートレスなおだんご」

決して着飾っているわけじゃないのに、洗練されて見えるパリの女のコたち。シンプルなTシャツにデニムをあわせたり、定番のボーダーやトレンチコートでも、どことなくオシャレな雰囲気になりますよね。その力の抜けたエフォートレスなヘアスタイルの定番は低めのおだんごです。

高めに結ぶよりも低めおだんごの方が力の抜けた大人っぽさが出るので、**どんな人にも似合って、その人らしさを引き出してくれる魔法のスタイル**なのです。

無雑作感が鍵なので、ベースの髪はできたら巻いておいたほうがキレイにできます。最初に髪全体にシアバターをなじませ、耳の下のラインにあたる低め位置でひとつにざっくりとまとめ、二回目のゴムを通す際には**毛先を残して輪にしておきます**。

まとめるときにはひとつ結び同様、指を熊手状にして手ぐしの跡を残してください

1　全体にゆるく巻いて、スタイリング剤をつけた手を通してまとまりやすくしておきます。

2　後ろで手ぐしを残しながらひとつにまとめ、最後の毛先を抜ききらないように残して輪にしておきます。

ね。ここのラフさが全体の印象を左右します。

結び目をおさえながら、後頭部とサイドにかけて髪を少しずつ引き出しながら後頭部のボリュームを整えたら、毛先を残して輪になった髪を左右に開きながらふくらみを円形に整え、割れてしまいそうなてっぺんの部分にアメピンをうって、円形をキープします。

残った毛先はゴムを隠すように結び目に沿わせてポイントごとにアメピンで固定。ここでは2本でとめています。

3 後頭部やサイドの髪を引っ張り出して形を整えたら、輪になった部分を円形に整え、形をキープするためのアメピンを12時の位置に1本留めておきます。

4 残った毛先をゴムを隠すように沿わせながらアメピンで留めておきます。毛先を挟んでおだんごの中心に向かってさすようにしていくと、しっかり留まります。

おくれ毛を多めに出すとカジュアルに、出さないとクラシカル度がアップします。

余分に出てしまったおくれ毛があったら、アメピンでとめましょう。その場合は、**毛先をピンに挟んでからおだんごの中心にさしこめば、ピンが悪目立ちしない**のでキレイに見えます。

こぼれてきたおくれ毛は、毛先が目立つと子どもっぽい雰囲気になってしまうので、軽く巻いてゆるさを出しておくときれいです。

完成！

クラシカルな雰囲気のまとめ髪は、
女性を美人に見せてくれる
理想のヘアスタイル。

後ろから見てゴムもピンも
見えなければ合格！

TIPS 46

ボブは毛先をまっすぐにするとオシャレになる

顎ラインでカットしたボブヘアは定番人気。乾かすのも短時間ですむし、簡単に今っぽくオシャレに見えるので数年前からずっと人気のスタイルですが、ディテールは最近少し変化してきています。

以前までは前髪ありで、毛先をクルンと内側に巻き込んだボブが主流でした。この内巻きボブは可愛らしい雰囲気になりますが、ちょっとコンサバ感が強くなってしまうので、今っぽく見えないのも事実。もっとオシャレ感を出したいときは、断然**前髪ナシの切りっぱなしボブ**です。

そのため、オーダーするときには「シルエットが丸くならないようなボブにカットしてください」とお願いすると、美容師さんもすぐにわかってくれると思います。

とはいえ、伸ばしかけた髪が半端な長さで扱いに困っていたり、既に丸いシルエットで切ってもらってあるという場合でも、**スタイリングで切りっぱなし風に見せることはできます**。

ポイントは、巻き方。「切りっぱなしなのに巻き方？」と思うかもしれませんが、使うアイテムはストレートアイロンです。

毛先をストレートアイロンで挟んでおさえながらまっすぐ伸ばして下ろすと、毛先がストンと落ちるので切りっぱなし風に見えるのです。

長めのボブの場合は、まっすぐ下ろしながら毛先だけやや外側にはねさせるくらいの角度にすると、大人っぽくなります。

印象を変えたいときや、モードっぽい雰囲気に見せたいときには、ぜひトライしてみてください。

あとは手ぐしで髪をかき上げるように前髪を8：2に分け、少ない方の髪を耳にかけると小顔効果もあるうえに顔に影がつくれるので、色っぽさも高まります。

170ページで紹介した、ウエット系の質感は切りっぱなしボブにハマるので、いつものスタイリング剤にオイルを混ぜて、ざっくり手ぐしで分けながらスタイリングを。エッジが立つので、定番のメイクや服装でもトレンドのスタイルに見えます。

STYLE

切りっぱなしボブ

毛先が違うだけで
アンニュイな雰囲気に。
モードな服も、
レースの大人っぽい服も
似合います。

TIPS 47

「質感」を着替えるだけで印象が変わる

ぶきっちょでアレンジは苦手だけどいつもと違う雰囲気にしたい、という場合には、さきほどのウェットアレンジのように**「質感を変える」のがオススメ**です。

ショートやボブなど、アレンジがしにくい長さのヘアスタイルのときも、質感チェンジでアレンジを楽しむことができます。

質感は全部で、**ウェット、ドライ、ふわふわ**の3パターン。

この三質感さえ覚えれば、ファッションやなりたいイメージによって印象チェンジができるので、ショートヘアでもマンネリにならず、いろいろなオシャレが楽しめます。

ウェット質感にするには、先ほどお伝えしたようにいつものスタイリング剤にオイルを混ぜて、生え際を逃してパーの手を通しながらスタイリングを。1本でウェット質感が出せるジェリーやウェットオイルなども、ヘアスタイリストさんから人気が高いアイテムです。顔に毛先がつくなどの心配がなければ、試してもいいでしょう。

ウェットスタイルは、ベースを巻かなくても簡単にできますし、いつものスタイルとかなり違う雰囲気を出せるので、ぶきっちょさんにトライしてほしい質感です。

服はモードっぽい服でもいいですし、デニムなどのカジュアルな服をあわせると、オシャレ度が上がって見えます。

二つ目はドライな質感。

ベースは軽く巻いても、そのままでもかまいません。クセ毛さんならクセをいかしてそのままスタイリング剤を全体につけます。

スタイリング剤が全体に行き渡ったらドライヤーを毛先だけにかけて、油分だけを飛ばします。

そうすると、バサッとした質感と束感が生まれ、ハンサムなイメージになります。

デニムを着るときなどに似合うのはもちろんなのですが、どちらかというとハマりすぎてしまうので、鎖骨の見える女らしいニットにあわせたり、ワンピースにあわせるのがベスト。**媚びない色気でかっこよく決まります**。

ふわふわ質感にするには、**とにかく細かく髪を巻く**こと。髪が短いと巻き込む毛と頭皮が近くなるので、なるべく細めのヘアアイロンを使ってください。クセもつきやすく、やけどの心配も軽減されます。ショートやボブなら**19〜26ミリの細めのヘアアイロンで、毛先全体をワンカール**、これでニュアンスが出てきます。

柔らかめのワックスかシアバターなどを手に取り、手の平によく伸ばしたら、空気を取り込みながら手をパーにして手ぐしでかきあげるように全体になじませれば、ふんわり感がキープされます。

ロングの人も、たまに細いアイロンでくるくる巻くと、がらりと雰囲気が変わって、外国の子どものクセ毛のようなカジュアル感が出ます。

ここにレースやフリルの可愛いワンピースをあわせるとやりすぎ感が出てしまいますが、**ザックリしたニットやTシャツなどをあわせると、抜け感が出てオシャレに見えます**。

STYLE

ゆるふわの巻き毛

細いアイロンを使えば
適当に巻いてもバレません！
見た目よりずっと簡単な
ふわふわのくせ毛ヘア。
カジュアルな服に。

TIPS 48

雨の日でもキレイが続く「ねじりんぱ」

不器用だけど、ちょっと華やかなアレンジがしたい……。そんなときにオススメなのが、「ねじりんぱ」のハーフアップ。

「くるりんぱ」でトップにボリュームも出し、それをツイスト編みで固定するので、広がりやすい髪でも形をキープしやすく、**ペタンコ髪さんでも、広がり髪さんでも、どちらも頭の形をきれいに見せてくれます**。ただの「くるりんぱ」のように、ハチが広がって見える心配もありません。

最初にゆるっとした無造作感を出すため、ベースを巻いてニュアンスをつけます。

全体をゆるく巻いたら、左右のこめかみから耳までの髪をひと束ずつ（直径1センチくらい）前にたらしておき、残ったトップの髪をつむじよりやや下までとって、後ろで一つにまとめます。

1
トップからこめかみにかけての髪を、左右それぞれ一束ずつ残し、トップの髪を後ろでひとつにまとめ、くるりんぱしておきます。

2
くるりんぱはそのままにせずに、必ず崩すのが大切なポイント。とくにゴムまわりの髪を少しずつ引き出して、形をふんわりさせておきます。

次に、まとめた髪をゴムの上で左右に分けて、毛束を上から下へ通して「くるりんぱ」をします。

くるりんぱをしたら、しっかり崩すことが大切。左右はもりっと、真ん中はぺたんとしがちなので、毛流れがはっきり出過ぎないように、真ん中の毛をゴムの周りからすこしずつ引き出し、左右のもりっとしたところからも少しずつ毛束を引っ張り出して、フォルムをふんわりさせておきましょう。**ゴムが見えないようになればベスト**です。

3 残しておいたこめかみまわりの髪を、二束に分けてツイストしていきます。

4 ツイストから少しずつ毛束を引き出し、ぱっきりとした毛流れにならないようにします。

それができたら、たらしておいたこめかみの髪を左右それぞれ、後ろへ向かってツイストしていきます。ツイストは、三つ編みと違って二つの毛束で交互にねじねじするだけですから簡単。ねじり終わったら軽くほぐすように毛束を少しずつ引っ張っておいてから後ろにもっていき、くるりんぱの下を通して毛先を隠すようにアメピンで留めます。

反対も同様にねじってツイストし、毛束を崩してから後ろにもってきて、くるりんぱの下を

5 ツイストした毛束をくるりんぱの下を通して後ろにもっていき、毛先をアメピンで留めます。

6 左右両方ともとめて、ピンもゴムも見えなくなれば完成です。

通るようにして毛先を隠しながらピンで固定します。

これで、無造作なのに絶妙に女っぽいニュアンスの出るアレンジのできあがり。

ふわっとした仕上がりですが、**毛先はきちんと止めてあるので崩れてきません**。

ふだんカジュアルな服の人がこのアレンジをすると、女らしい新たな魅力が見せられるので、ビックリされますよ！

完成！
女らしい魅力を引き出すダウンスタイルの
完成です。雨の日でもくずれず、
女らしい魅力をアップさせてくれます。
STYLE
ねじりんぱアレンジ

TIPS 49

「華やかアレンジ」を自分で楽しむ

華やかで、ちょっとしたパーティでも十分使える、もう一つのアレンジもご紹介しましょう。

最初に全体をゆるく巻いたら、こめかみの延長で髪を全体に上下に分けます。**分け目はしっかりつきすぎないよう、ラフにギザギザと髪をとりましょう。**分量も、きっちり半分でなくて大丈夫です。上の髪が多い人なら上の方が多く、下の髪が多い人なら下の方が多くなると思いますが、それで大丈夫です。

分けたら、下の髪をやや右側に寄せてひとつに結びながら、おだんごをつくるときのように最後まで引き出さずに輪にしておきます。

上によけておいた髪はやや左寄りに同じく輪にしてまとめます。

二つのおだんごがちょうど重なり合うぐらいの高さになるようにとめられるとキレ

1 こめかみの延長で適当に髪を上下に分けます。ジグザグしているくらいの分け方でＯＫ。上の髪は留めておき、下の髪をやや右よりの位置でまとめ、毛先を抜ききらずに輪にしておきます。

2 上の髪も同じように毛先を抜ききらずに輪になるように留め、ふたつのおだんごの土台をつくります。

イにできます。ここに**あまり隙間があいてしまうとキレイに見えませんので、高さに注意しましょう。**

ここまでできたら、それぞれおだんごにします。

おだんごの作り方は、174ページの「エフォートレスなおだんご」と同じ。輪を円形に広げてとめたら、毛先でゴムを隠すように巻きつけながらアメピンでとめていきますが、このとき、おだんごから毛を少しずつ引き出して、大きく崩しておきます。

3 どちらからでもいいので、輪になった髪を円形にひらいてアメピンでとめ、毛先でゴムを隠すようにとめていきます。

4 残ったおだんごも同じように留めていけば完成。ラフな毛の遊びが鍵なので、かなり崩しながらラフにとめてOKです。

横から見てふたつのおだんごがつながって一体にアレンジされているように見えるまで崩したら完成です。

やっていることはおだんごを二つつくるだけなのですが、サロンで仕上げたような華やかなアレンジスタイルができあがります。

BACK STYLE

襟足はおくれ毛を出さずにスッキリしたほうが、メリハリがきいてキレイに見えます。

完成！

横から見ると
縦長のアレンジに見えるのが
華やかさアップのポイント！

STYLE

華やかアレンジ

EPILOGUE

おわりに

まずは、普通の美容師である私に、
このような機会を与えてくださった方々に心から感謝しています。
溢れるほどたくさんいる美容師さんの中から私を選んで指名してくださるお客様、
いつも人生のヒントをくれて背中を押してくれる神崎さん、
文章力のない私のことを全面的にバックアップしてくれる白井さん、
破天荒な私についてきてくれるアシスタントのみんな、
本当にたくさんの方々に力をいただいて、できた本です。
この本を読むことで毎日のスタイリングが楽しくなったり、
新しい自分を見つけるヒントにしていただけたなら、とても嬉しく思います。

最後に、美容師として私から、一つお願いがあります。
それは、これからはもっと担当の美容師さんとお話ししてみていただきたいのです。

理想は、

「この人に私のヘアスタイルをずっとお願いしたい！」

「この人なら自分の髪をおまかせできる！」

そんな関係。

よく考えてみてください。美容室に行く頻度はだいたい二、三カ月に一度。

きっとご両親や仲がいいお友だちよりも美容師さんに会っている方も少なくないはず。

だからこそ私たちも目の前のお客様と一生涯お付き合いしていきたいと思っています。

美容師としても、サロンに来ていただいたときだけではなく、

もっと皆様のライフスタイルのお役に立てるような存在でありたいし、

もっともっとたくさんの人に出会って、

それぞれの方の持つ魅力を最大限まで引き出すようなお手伝いができたら、

こんなに嬉しいことはありません。

もっと嬉しいことは、学生だった

女の子がお仕事をするようになり、

彼ができて、結婚して、ママになって……

子どもさんが大きくなって、
その子の初めてのカットを私がすること。
お客様の人生の節目に
少しでも関わることができる、
こんな仕事は他にはないと、
私は誇りに思っています。
この本を手にして読んでくださった方は、
ぜひ担当してくださっている
美容師さんを思い出してみてください。
一人でも多くの方が
素敵な美容師さんに出会えますように。

津村佳奈

SHOP LIST

＜ヘアケアアイテム＞

ビューティーエクスペリエンス	03-6757-7767
ホーユー㈱プロフェッショナルカンパニー	052-935-9576
ナプラ	0120-189-720
サンテック	03-5787-7588
ハホニコ	0120-76-8025
ガーデン	03-5468-8645
資生堂プロフェッショナル	0120-81-4710
資生堂	0120-81-4710
モロッカンオイル ジャパン	0120-440-237
プロジエ	03-6690-6599
ココバイ	03-5772-8535

＜衣装＞

アネモネ（サンポークリエイト）	082-243-4070
アンビエント	03-5772-6470
エナソルーナ（エナソルーナ神宮前本店）	03-3401-0038
エクラン ルミネエスト新宿店	03-6274-8108
ホワイト ザ・スーツカンパニー 新宿店	03-3354-2258
ロザリー	03-6450-5065

STAFF

モデル　瀧澤礼奈
林萌美

ブックデザイン　吉田憲司（TSUMASAKI）

写真　布施鮎美（人物）
池田隼人（静物）

スタイリスト　川﨑加織

アシスタント　富永大樹
山田一葉

スペシャルサンクス　谷口絵美

津村佳奈（つむら・かな）

Un ami表参道店のトップスタイリスト。
幅広いテクニックの引き出しで、
常にお客様に向けたオンリーワンのヘアスタイルを提案。
ビューティー感度の高い女性たちから
絶大な支持をされている。
カット、カラーやヘアアレンジにくわえて
メイクも得意とするため、
ファッション誌の撮影依頼も絶えない。
美容家、神崎恵氏からもたびたび指名され、
雑誌や書籍のヘアの多くを担当している。
周囲を明るくする話しやすい人柄と確かな技術で、
多岐のジャンルに渡って幅広く活躍中。

なぜか美人に見える人は髪が違う
髪が変わると顔も変わる。

2017年12月1日　第1刷発行
2018年3月5日　第5刷発行

著　者　津村佳奈
発行者　佐藤　靖
発行所　大和書房
東京都文京区関口1-33-4
電話 03-3203-4511
本文印刷所　廣済堂
カバー印刷所　廣済堂
製本所　ナショナル製本

ISBN978-4-479-78407-4

http://www.daiwashobo.co.jp